LOCUS

LOCUS

LOCUS

catch

catch your eyes；catch your heart；catch your mind……

沒有學校可以嗎？

CAN WE DO WITHOUT SCHOOL?

徐玫怡著

自序——

這是一本書一個網路寫作的專案
也是一段生活實驗的紀錄

一個小孩如果沒有學校，他到底會怎樣？能怎樣？要怎樣呢？

我並不是一個在教育上很大膽的家長，但我好奇——我很想知道每天抱怨功課的兒子、每天遲到的小學生如果不被學校規則限制，他會變成什麼樣的男孩？

不夠大膽的好奇心讓我保守地選擇小六下學期來做實驗，時間雖然不很長，但至少我們嘗試過了。兒子和我以一種自我觀察的角度，利用六年級下學期認真地做了脫離體制的計畫，雖說認真，但也有一半的感受是逃離社會規則的輕鬆。

當時我在網路寫作平台 SOSreader 上展開了一個新的寫作計畫，第一個專案就是以「自學」做為主題，每週記錄兒子不必上學的生活，也寫下當時各種學習心得。這些即時的文章、隨興的塗鴉、手機拍下的生活照片……隨著寫作計畫的進度，在網路上立即與讀者分享。

非常感謝當時訂閱贊助我的網路讀者，讓我在實驗兒子自學的同時，也嘗試被付費的網路寫作生活，這讓我度過沒有明確經濟目標的每一個月。在讀者即時的支持下，寫作不顯孤單，猶如時時被加油聲鼓勵的路跑者，保持著熱情往新型態的寫作計畫前進。

自學寫作專案結束之後，大塊出版社希望能將網路發表的文章結集成書，將散在網路上的圖與文重新編輯成冊。能再度以紙本的面貌呈現是最好不過的了，我彷彿路跑抵達目標，大會呼叫我上台，再贈我一只獎盃！

非典型實驗教育是體制外的一個選項，我很高興兒子能成長在擁有不同教育選項的時代，我們母子雖僅僅短暫的參與一學期，但隨後得到的收穫頗多。這本書並不批判教育，也不對抗體制，完全放在個人體驗的描述，並不是太標準的自學範例。倒是我們母子以自學做為背景，發展了更深入的親子關係——互相支援、彼此信任。

如果說家長是孩子學習的對象，我衷心希望自己的作法讓孩子看見慣常的規律下藉由獨立自主創造的可能性。自學的體驗不僅止於自學，而是讓孩子知道凡事都有可能性，要懂得跳脫框架創造自己的世界不被規則所約束。在生活中遇到困難、遭遇障礙時，抱怨、批評先放在一邊，我希望兒子在他的生命中總是保持輕鬆的態度，不自我設限，願意自主負責地嘗試新的事物。

「沒有學校可以嗎？」我以問號做為結尾。這個疑問我無法做確定的回答，面對不同的孩子與家庭，這永遠是一個開放性的答案。

Table of Contents

目錄

前言

沒有學校可以嗎？

沒有學校可以嗎？
可以啊！
我們來實驗看看。

會很難嗎？會辛苦嗎？
會亂七八糟嗎？
會如計畫嗎？會好玩嗎？
不知道耶，到底會怎樣？

我跟兒子說，不然我們來自學一次，
人生嘛！各種方式都試試看，
才會有意思。

這本書記錄我小六兒子的自學狀況，是孩子的學習紀錄，也是母親生活的側寫。我和兒子以一個學期的時間，交換一場教育脫軌的實驗。

所有很慘的狀況我都想過了喔，小六男孩怎麼會乖乖地照課程表自己上課？可想而知很可能整天沉迷網路遊戲，而我就必須變成整天罵小孩的媽媽，還得身兼老師負起學習成果的責任！

像這樣不可收拾的場面，我都想過了。

但我竟不覺得太糟，趁兒子身高還比不上我的階段（我還罩得住他的時候），就讓我們母子一起嘗試一次有趣的實驗、度過這段寶貴的時期。

怎麼想都不覺得是太壞的事情。

真正讓我在意的不是課程有沒有跟上進度，而是孩子有沒有把學習當成自己的事情，有沒有一些特別的嘗試能啟發他對自我特質的理解。如果這兩項他都有體會到一點點、進步一點點，那對他將來的學習會更加有幫助。

對於學校教育，我充滿感謝，畢竟我兒子被學校好好地安排了五年半的學習生活，接下來我們要自己盡力了。放掉了對教育系統的依賴，獨立自主地以自己的想法來嘗試。如果可以在自學中挖掘孩子更深入的特質，啟發他學習的欲望，那就太好了。如果不行，我們也可以在這次的嘗試中看到自己的弱點，更加明白今後該如何面對未來的成長。

所以跟學校暫時分開一下，自學就這樣開始了。到底自學在家會激盪出什麼火花？連我自己都很期待。

沒有學校的生活會怎樣？
叩可哉？
Meiyi 2017

自學生活第一天：

送爺爺奶奶去搭飛機

由於我跟兒子都很期待自學，六下開學前的這個寒假因此顯得非常漫長！

「媽媽，哪一天開始自學？」

「快了，還有一個星期。」

「蛤～～還那麼久喔！」

既然是在家自學，我們當然可以在寒假期間開始，但是寒假得過一個農曆年，大量的家庭、親族活動，再加上我自己還有很多工作，這樣的學習心緒可能不夠穩定。總不能先開始兩天、接著跟家人出去旅遊三天、回來再進行三天，然後又北上兩天……第一次自學就亂七八糟，這樣可能不是很好。所以，我一直「忍著」對自學的期待，心想趕快把過年的家族活動全部處理完，才正式開始。

當然，跟學校的開學日一起進行是最好的。孩子知道他的同學們都是這一天去上學，是一個慎重的日子，這讓孩子有開幕典禮的感覺。

「送爺爺奶奶去搭飛機之後，我們就要開始自學了！」我跟兒子一直預告著。

法國爺爺奶奶把返程機票訂在二月十三日。我明明跟他們說過，二月十三日是開學日，但他們愛孫之情深切，連一天寒假也不漏掉，硬是把返程日期壓在開學那一天。

二老的中文聽嘸、英文也行不通，護送爺爺奶奶到機場也是天經地義，於是理應開始自學的第一天，我們必須先請個假。而我心裡打算來一場機場課外活動——送爺爺奶奶去搭飛機。

「第一天自學泡湯了啦！」

我竟然有這種感覺，少上了一天好可惜！

不過有這麼一天能好好地帶兒子觀察機場，不也是很好的一項課外活動？

小福對機場雖不陌生，但也不熟悉。十歲之前常常歐洲、亞洲兩邊飛，但小孩記憶很短，問他九歲以前記不記得什麼？他一定說「我不知道！」「忘了。」

孩子腦中的記憶區不知是如何運作的，平常問他今天中午吃什麼？他完全記不得，更何況是以前帶著他搭飛機跨洲旅遊的事情，我想他根本沒有留在腦海裡。

我讓小福學會如何看班機時間表，帶著爺奶去櫃台登記，請小福負責溝通翻譯。當然我一定不可能完全不出手幫忙：在旁邊一邊提醒、一邊糾正，語氣要不帶壓迫感、不帶指令的嚴肅性，還要加入一點讚美鼓勵……

要小孩學習任何事務，一次到位是不可能的，我還是必須時時出手相助。一直到把爺奶送到出境閘門。家族活動終於結束。

當晚，我跟兒子兩人在高雄。

「耶耶~~」我心裡響起了小小的歡呼！我們又恢復母子兩人共同生活的小日子。

我問兒子：「我們留在高雄吃完晚餐再回去？」

小福：「我想趕快回家。」

我：「好，那就馬上回去，走！」先搭捷運、再轉火車，然後搭計程車回到家。

回家吃過飯後，把明天要上課的桌面整理乾淨（其實就是我家餐桌），我叮嚀兒子明天要按照課程表上課，請他自己要有自制自主能力。

「我知道！你不要再說了。」有時候我的叮嚀是有點煩人，我也得自制一下。

就這樣，先課外活動後才正式開學的我們，這一天有點晚睡了。

為了閱讀，加了一盞燈
家裡的餐桌收拾一下就是書桌，一邊是兒子，一邊是我。他讀書，我寫作。
La salle de manger chez meiji

真正的自學第一天，開始！

真正的自學第一天，開始！

想到不用一大早接送小孩，不用為了催促孩子而讓自己一大早發脾氣或神經緊繃，想到我們的第一堂課是八點，而我們一起床就是在課堂上（在家上課嘛！）所以八點起床就好。

我把手機鬧鐘上AM6：00的按鈕取消。

「啊～～」真是鬆了一口氣。

從小福出生至今，我一直都處在睡眠非常淺短的狀況中。他一直到三、四歲才會睡一整夜，這已經折騰我好幾年。我兒是那種完全不會因為大量體力活動而疲倦有睡意的小孩，不管是帶他爬山滑雪足球游泳，把所有耗盡體力的活動塞滿整個白天，他還是一樣精神奕奕，直到半夜再來一盤桌遊也無所謂。所以，即使四歲之後能好好睡一整夜，要如何讓他上床、讓他想睡，仍舊是建立生活規律方面很大的障礙。

讓小孩趕快去睡覺對我來說非常重要，因為我還有必須進行的各種雜業工作。

創作需要淨空情緒，需要完整的時間，需要進入狀況不被干擾。但我就是生到一個不會累的小孩！（其實他也不會餓，這又是另外的故事了。）

（說什麼我也是個做創作的人啊！我何時可以靜一靜？）

（不被切斷時間地靜一靜！）

通常我假裝陪小孩睡覺，他睡著後我再拉起自己疲倦的身體回到工作桌，把專注力回到自己身上。我用一天下來僅剩的最後一格電力，寫一點東西或是思考工作上需要的創意，真正上床睡覺的時間，通常已經是半夜一兩點。不過那時我的腦神經非常活躍，即使上了床，要真正入睡還得花一點時間。

我每天都睡得很少。已經有非常非常長的期間，一天只睡四、五個小時。我都是在腦子太清醒時睡覺，在身體太疲倦的時候起床。身體已經吃不消了。

我曾經指責自己：「你就跟小孩一起睡嘛！不要再起來東摸西摸了！」或是「放棄創作不就好了，隨便找個固定工作賺得都比作家還多。」「你不能把零碎時間拿來用嗎？你不能有效率點嗎？」

所有可以罵自己的角度我都罵過了，A型反省性格最厲害的就是別人還沒罵我之前，我自己早就罵自己三輪了！

「我不能！」我就是不能，我需要完整不被切斷的時間且心緒穩定，那就一定是在小孩睡著之後。

後來，兒子在五、六年級時幾乎天天遲到，這不是因為我起床太晚，這些年當了小學生家長，已經練就一身起床功，我一定六點就起床，寧願疲倦也不讓自己一起床就為了趕時間而慌張。給自己足夠的一小時好好地沖杯咖啡吃個早餐，先把情緒調整好再叫小孩起來。

通常我一大早叫小孩起床的態度都很溫和。時間到了叫，要不要起來隨他，已經睡眠不足的我不能再因為跟小孩互鬥而生怒氣，不然接下來整天就壞了。身體不行、心情也差，我不讓自己變成這種老女人。

「我累了。」「跟孩子的遲到相比，先顧媽媽的性命！」我常為了保護自己虛弱的心臟，盡量不跟孩子硬碰硬。小福起床後我總是一切慢慢來，即使他吃早餐拖非常久，我也只能在慢中求快，順著情境「慢活」，不讓自己腦充血。

所以，我們常遲到。這一點很不好，對學校的規則感到非常抱歉。但我為了顧自己，只能抱歉。

（前言或許太長了，進入主題吧！）

這一天，我在六點時因生理時鐘的呼喚醒來，但我告訴自己，今天自學開始，我可以繼續睡。昏沉中又睡著了。再醒來時，看到兒子的一張笑臉。

「媽媽，我現在是不是要做早餐給你吃？」一張小臉湊過來，很近。

「對啊，你的第一堂課是『生活科學』，你現在去準備早餐。」

說完兒子往廚房走去，我心情很好地起床，完全美好的開始！真不敢相信。

兒子在廚房問：「媽媽，咖啡豆要磨到哪裡？」

「就是罐子上第一條線那裡。」我從廁所回應。

之前我已經教他如何開瓦斯爐煮水，如何使用磨豆機和濾網手沖咖啡，也實際操作過很多次，所以並不很擔心他一人在廚房。我先把自己盥洗妥當，再到廚房指導孩子早餐順序。小福在烤過的吐司上抹奶油，我在餐桌上擺上杯盤，第一堂課非常順利。

左頁附上初排的兒子功課表。

	星期一	星期二	休假	星期四	星期五	星期六	半天休假
8:00-09:00	生活科學（家務操作）	生活科學（家務操作）	家務操作	生活科學（家務操作）	生活科學（家務操作）		
9:00-10:00	英語	健康（穴道）		英語	英語	體育（網球）	體育足球
10:00-11:00		健康（穴道）				體育（網球）	體育足球
11:00-12:00	國語			國語	國語		體育足球
午休							
13:30-15:30	生活科學（車店學徒）	數學		數學		環境	
16:00-17:30	法語			足球	法語（文藻大學法文系旁聽。時間到18:00）	環境	

以上課表將依照實際運作狀況做調整。原則上，國語、英語、法語、數學每週三小時，在課程與課程間將給予一小時的自由作業時間（即表單上空白處）。這是申請書上的第四項教學內容中的第三份文件——學習日課表。

至少打一仗

好幾年前，就有朋友在我臉書留言板上提過：你為何不讓小福去上華德福學校或是其他體制外的學校？也有人舉好多自學生的例子告訴我，要不要就讓你兒子自學？

記得我回覆：「不要，我就是要在體制內待著，至少打一仗再說。」

打仗？其實我對人一直都非常和藹客氣，雖然私底下和朋友聊天或寫作時意見非常鮮明，但在衝突點上，我通常是退讓和溫弱的人。

所謂的「至少在體制內打一仗」也不是預設了自己想對抗什麼，只是想讓兒子完整地經歷一場台灣的教育體制，大多數人都在學校學習，為何我們要跟別人不同。除了三年級那一年回到法國讀了一年書，其他時間我們都待在台灣。我觀察孩子每一個階段的學習狀況，也調整自己身為家長的角色。

我不能說學校的教育不好，尤其兒子就讀的小學是一所校風自由的學校，比起其他學校的嚴格和大量課業，學校的老師都相當有彈性。但是孩子一升上六年級，我隱隱意識到一種急迫感。

我感覺孩子對「學習」越來越不感興趣，上課只是敷衍，作業是負擔，他只是在完成大人的事業體（教育體制），上學只為了下課那短短的幾分鐘跟同學鬼混和打球。真的只是為了下課而去上學。而下課時間又經常被老師要求完成作業，所以他上學的動機被「無法下課」削弱了一半。我感覺到孩子不知道為什麼要去學校，最重要的是——他的「學習」已不再是樂趣，而是為了配合學校的規定。

比如國語課有作文作業，聯絡簿上標示了週末過後的週一要交，但兒子一直唉唉叫著說不知道怎麼寫。我只好在旁邊引導他、盯著他。

「你把真正的感覺寫出來，不要管規定。」我說。

「老師說第一段要寫三行。」兒子意興闌珊地趴在桌上。

「不要管三行，先想看看這個主題你有什麼想法。」

「可是我的想法一定會超過三行。」

兒子已經先被規定限死了，而事實上，這種規定也不是硬性的，是老師希望孩子至少做到一個標準，可是孩子自己並不這麼想。

我苦口婆心地引導他說出他想的內容，並跟他說：「超過三行就寫四行！」但兒子卻回我：「可是我就是不要超過三行，超過了我不就倒楣，多寫了作業！」斤斤計較多一個字少一個字，只求少寫功課。

當字數不多的時候，他就把字寫很大，撐到三行。有時候多寫了一些，又覺得自己虧大了，明明三行就好，竟被自己寫了五行，真是倒楣。一篇作文寫完了，沒有體會到樂趣，卻老是想辦法達到最低標準來敷衍規定，這讓我覺得很頭大。

國語以外，其他科目也差不多都一樣——缺乏主動性，只求交差了事。

小福在學校跟同儕相處和諧，不與人衝突、不製造班上的問題、成績也不會太差，看起來完全沒有問題。但每個大人對自己孩子的覺察力都不同，而我這個媽媽又常常跟社會主流觀點不同。別人覺得沒問題的事情，我卻覺得問題很大。

我擔心孩子在學習上快要被定型了，以為學習是一種交差。

這種擔憂，或許在別人眼中是不必要的。但我回想自己的學生時代，也是交差度日，一直要到離開學校後，才知道這樣的學習模式浪費了許多年少時光，甚至因認識知識的方式不正確（考試啊考試），錯失了追求知識的興趣。

而明明我是看得出孩子特質的家長，卻眼看他探索知識的觸角逐漸遲鈍。該怎麼辦？雖然小學最後一年，孩子讀書的心都渙散了，但畢竟再撐一下就要畢業，那就撐一下吧！

在剛上六年級時，自學並沒有真正進入我的腦海，直到有一天兒子突然問我：「媽媽，以前的人需要去上學嗎？如果沒有上學，那他們在做什麼？他們一定有很多時間幫忙家裡。」被孩子一問，自學的想法突然跳進我心裡。

「嗯，對啊，如果沒有學校的話，小孩們會做什麼呢？你會幫我嗎？」我問。

「我就會有時間來幫你，而且我自己看社會老師放在網路上的ＰＰＴ就會了，上課反而都沒在聽。」

「嗯嗯，」我又問：「那你要自學嗎？」

兒子說：「我可以嗎？」

「那你可以自己學嗎？媽媽要工作，沒時間教你，而且也沒錢請家教喔。」

「我可以啊。」兒子清楚地回答。

上面這一段對話我又再重複一遍。

我一直相信孩子本身擁有的生命力，有一天他們會突破自己能突破的。就讓他這樣繼續在學校讀下去有何妨？可是，相對的，如果孩子有他自己原生的力量，沒有去學校又有何妨呢？於是我當晚立即上網查自學怎麼申請。

我記得那一天已經十月中旬，而下學期自學申請的截止日期是十月三十一日，眼看只剩下兩週，我得趕快把申請書送出去。這沒有對抗打仗的意味，只是一種形容。我們參與了幾年體制內教育，大概了解戰場的狀況，現在該重回大本營，整理一下戰術。往後的日子，不能再打「不知為誰而戰、為何而戰」的戰役了。

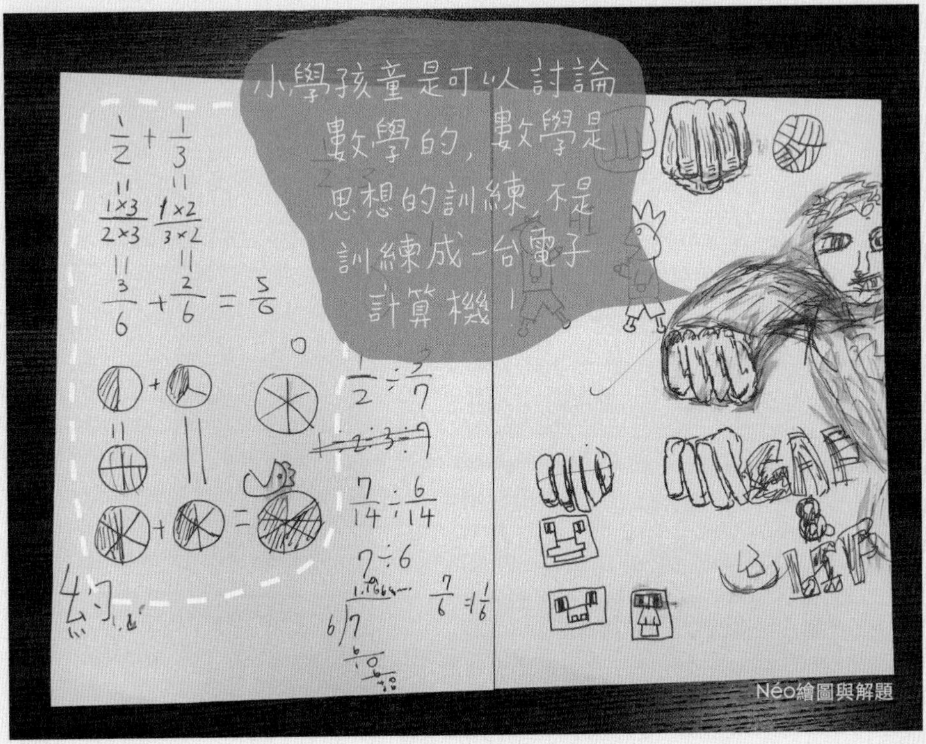

數學是討論出來的，不是用背的

小學生可以討論分數的加減乘除嗎？應該可以吧！我兒子的班上多採同學間的討論方式進行數學教學。

前陣子看到一條新聞，李家同教授認為小學生尚無法討論分數加減，我覺得有點不太對。馬上喚兒子來跟我討論 1/2 ＋ 1/3 ＝多少？並問他，你們小學生有能力討論這一題嗎？（新聞上就是 1/2 ＋ 1/3 ＝多少？我照新聞上的題目問兒子。）

小福說：「吼，我講給你聽啦！」馬上拿起紙筆站在桌邊跟我說明。

解完題，轉為畫圖，因為他覺得這枝筆跟那張紙，可以做出一些動態效果。兒子第一次畫這種類型的圖，我覺得有趣！上面這張照片就是他說明的內容。

寫申請書以及課程內容討論

最初下載實驗教育申請書的時候有點傻眼，原來想要自學的話，要寫的東西好多！

除了說明學童為何自學，還要交出師資證明，並附上有計畫的課程內容，甚至要提出每週進度、能力指標……我一看到公文型式的表格就自動變傻——天啊這要怎麼填寫呢？

剛好那幾天朋友鄭婉琪（赤皮仔自學團發起人）在臉書上提到填寫自學申請書的事情，我記得她提到申請書型式雖然規格化，但其實好好填寫，可以幫助家長把自學的想法更有系統地歸納出來，對於準備自學有很大的幫助。

「好，我來認真一下。」婉琪的話我有聽進去。

當天晚上時間已晚，為了有清醒的頭腦，我先去洗了個澡，然後泡杯茶在餐桌上仔細地閱讀申請書的內容。

我相信把自學計畫說明清楚絕對是家長負責的態度，我不應該遇到官方文件就心生煩躁，應該發揮一下專長，把這份表格填出創意。

計畫名稱	少年遊玩學	申請日期	
申請人	徐玟怡	實驗對象	
主持人及參與實驗教育人員		實驗期程	

名稱我就想好久

檢核項目	是否載明及檢附資料	承辦人員簽章
一. 實驗教育計畫名稱	□是 □否（　　）	
二. 實驗教育對象 （應附上學生戶口名簿或戶籍謄本）及其身心特徵(個性描述、平時興趣、健康狀況、學習態度、家庭成員、人際互動、特殊專長表現、其他方面等質性敘述)。	□是 □否（　　）	
三. 實驗教育之目的、教育方式。	□是 □否（　　）	
四. 實驗教育之學習課程教學內容 （學習領域、課程內容(教材教法、師資、評量方式)、學習日課表、預計學習進度表。）	□是 □否（　　）	
五. 參與實驗教育人員相關資料。 （含學經歷及教學專長等資料、證明文件及附表一任課同意書）	□是 □否（　　）	
六. 實驗教育之教學資源(家庭、學校或社會各界)。	□是 □否（　　）	
七. 預期成效。？不如如何預期？	□是 □否（　　）	
八. 實驗教育教學地點、環境及主要教學場域介紹與照片　OK、不難。	□是 □否（　　）	
九. 與設籍學校協議書（附表二）	□是 □否（　　）	

這三項花點時間想，但事實上不難寫

很困擾，不會寫……

趕快四處問，拜託老師給我証件。

要麻煩學校幫忙蓋章。

※各校務必逐項檢視資料是否完備，並逐項簽核。1-10項一式五份，其中四份裝訂，一份以長尾夾固定，11項一份獨立裝訂。

「我就把它當成一個案子，花點心思來玩。」心裡生出了這樣的念頭。

婉琪說，這份表格（見右圖）對自學的準備很有幫助，後來我的體驗也是如此。雖然一開始我有點搞不清楚狀況，以為可以把申請書做得天馬行空、創意十足，但遇到真正必須落實的幾個項目（四、五、六），我的天馬根本飛不起來，自爽的創意顯得可笑。

在寫這份計畫書之前，我對兒子的自學只有熱血，只有「我們大概要做什麼」。一遇到申請書表格，我連「一學期有幾週？哪一天開學？哪一天學期結束？」都不知道。至於「要找哪些老師？學習項目的進度？」我腦中只有大概，而且是相當模糊的大概！

鄭婉琪雖是我弟弟的同學，但她長期致力於實驗教育的實踐和發展，算是一位資深優秀的前輩。她給了我幾個提示，我就卯起來做計畫。加上住家附近有另外一位自學家長也是我的臉友，很熱心地留言表示有任何問題都可以過去跟她談。我馬上過去找她，參考她自學申請書上的規畫安排，順便參觀一下在家學習的環境。有了這些助力，寫起申請書變得飛快。

在我跟兩位自學前輩討論的過程中，我感到一種同溫層的默契，自學的家長似乎都有好大的寬容度，對於孩子充滿理解，對教育有獨立自由的觀點。不管我告訴她們什麼想法，都可以感到對方試圖理解我的話語，而不會擺出老手的指點姿態，完全沒有「這個不行」、「那個不可以」的框架。我在申請書上隨個人感受寫的一些說明，而且是非常不官方語言的文字，也被稱讚說寫得很好。

三. 實驗教育之目的及教育方式

為什麼想要申請非學校型態實驗教育
——趁六年級最後一學期，讓孩子盡情體驗自己想學、想做的事情。 ——藉著嘗試不同的教育方法，讓孩子在初嚐思考獨立的階段，尋找適合他自己的學習方式。 ——自學的要求是自己提出的。作為家長的我，在此時順水推舟讓孩子有自主學習的主控權。 觀察自己的孩子直到六年級，我發現在學習表現上最優秀的地方通常來自於他自己對事物的興趣。在大人不經意之間，自己默默的學習了大人未預期的事物。比如語言、音樂、電腦軟體運用、體育活動等等。 希望利用小學最後一學期，讓孩子嘗試解開時間和科目區隔的限制，把學習融入生活當中，讓這階段（11-12歲）的孩子能體驗所學即是所用。 為了讓孩子理解成長需要自己努力尋找方向，而非由大人主導控制，實驗教育的申請過程中，我讓孩子自己考慮學習項目，經過親子之間反覆討論，大量參考自主意願來制訂課程內容。 在「自己決定怎麼學」這件事上，本身有相當的自覺。
教育方式
1. 網路免費資源自我學習。將運用均一教育平台, Khan Academy, BBC English Learning, CNED四大學習網站作為免費資源。 2. 專業老師授課。參加或聘請科目專業老師授與課程。 3. 加入社會性社團，由社團研究帶動孩子的學習熱誠。 4. 家庭生活學習。在生活實務上，透過實際操作，由家長帶領學習。

針對 P.30 第三項要求所撰寫的「實驗教育之目的及教育方式」。

我並沒有認為自己寫得很好，只幸運地覺得自己遇到了理念相同的家長，我們在各自的家庭裡帶著小孩實踐（或實驗）自由獨立的想法，自學這件事，一點都不孤單。

回到申請書上要求的項目——「四、實驗教育之學習課程、教學內容」，在設計課程的那幾天，等兒子吃過晚飯之後，我叫他過來一起討論。我問他想學什麼？怎麼學？

「不是要跟學校一樣嗎？」

「你可以想想你最想學什麼呀，我們都把它排進來。」

「國語、數學應該是一定要的吧？」兒子有點猶豫地說。

「好，我也覺得一定要有國語、數學，這兩科要排進去。」我在白紙上寫下科目。

「媽媽，那我英文可不可以學翻譯？」兒子真的有興趣的是語言，尤其英文，他很愛。

第一次自學，其實我也不敢太自作主張，科目大概就是學校原有的那些。

國語我自己來教，教材以學校課本和習作為本。數學跟兒子討論了網路上可以運用的資源，選了以英文為主的可汗學院（Khan Academy），如此就可以一邊學數學一邊聽英文教學。我們母子也是很虛榮的，用英文學數學，小福自己覺得很酷，就接受了這個挑戰。

法文方面是計畫中要加強的部分，原本每週只上一小時法文寫作，我想增加到三小時，剛好家教老師一直在文藻外語大學教法文，我問她是不是能讓小福去旁聽大學生的課程。老師也覺得讓孩子進入大學感受不一樣的學習氛圍，是一個很好的想法，亦可藉由大學的教材來補足小福閱讀的不足。

我必須再強調一次，因為第一次自學，什麼都不太懂，只能運用身邊的資源。我又想到我爸爸，也就是小福的阿公。他在台灣北中南都有開「穴道教學理論與應用」的課程，持續教學已經十幾年。阿公年紀大了，再教也沒幾年，我該趁此時趕快讓孫子向阿公學幾招。

「這就是你的健康課喔！阿公用台語教學，所以也是你的母語課，好嗎？」

兒子不置可否，他壓根沒想到要學人體經絡，但是沒有去學校上學，媽媽說穴道課很好，好吧，就答應了。

「媽媽，還有社會和自然？」兒子說。

沒想到兒子還是滿乖順的，我要他想想自己想學什麼？卻什麼也沒說出來。最後還會想到社會課和自然課。突然間我覺得他真的被體制馴服了。（被馴服有什麼不好？我這媽也太「高拐」了……）

自然科學應該是我資源最弱的一環，但社會我很強（自誇），這兩科我都沒有特別想排上去。過去幾年，我沒事會把兒子的社會課本拿起來讀，我知道社會課可以教得非常有趣，但是一面對考卷，我不禁懷疑考卷引導的讀書方式有僵固腦袋的壞處。以前會跟兒子說社會科考太好不是一件好事，沒有背起來沒關係。所以我就是不想把社會課排進課程表中。

我們家平常就會討論時事，從時事批評中拉出歷史脈絡。我常在日常中嘮叨這些，這已經很社會課了，所以我沒有特別想再排進課程中。

而自然科包含科學在內，說真的我很弱。可是我想針對「自然」這一項做些實際的課程。我讓兒子加入淨灘團體，週末淨灘，跟著淨灘叔叔阿姨統計垃圾的變化，跟著大人的團體關注環境問題，我想讓他以勞動來體認自然環境的重要性。所以我在課程中加入「環境」一課。

至於我天馬行空規畫的課程——「生活科學」，原意是要孩子知道什麼是生活必須的技能。原本想讓他偶爾去當水電師傅的跟班，觀察水電修繕，或是腳踏車店如果願意收見習生的話也可以。

但因為我並沒有熟識這方面的人，我們這種短期見習（可能極其膚淺），一定會造成別人不便。我拜託長期維修我那台老車的車廠老闆給小福在旁邊觀察的機會，讓他每週去一次汽車維修廠見習。

事實上在小六這個年紀，「實際到工作場域上課」並不是非常「有用處」的學習，

(一)學習領域

學習科目	學習目標	教學內容	能力指標
語文類	國語	依學校指定課本，參照教科書版本進行。	達成九年一貫國語能力指標要求。運用國語能力編撰個人刊物。
	法文	法文文法動詞基礎學習。 法國少年小說閱讀。 CNED法國自學網路資源運用。	達成短文、日記式書寫，每週約200字書信、作文或生活記錄。
	英文	BBC English learning intermediate上網聆聽、學習。 美國六〇年代時代代表性歌手Bob Dylan歌詞選讀。	有能力理解英語網路教學資源內容。 定期翻譯歌詞或影片上傳。
數學	數學	依學校指定課本，參照教科書版本進行。 程度對照Khan Academy，選擇適合的學習級數，透過網路視訊學習。	達成Khan Academy 七年級數學能力。
藝術類	音樂	欣賞Bob Dylan音樂並研究其當代影響。與英文結合，嘗試歌詞翻譯。	認識流行音樂的歷史。
	美術	將與生活實務結合。 家事生活、飲食料理、修繕工作等等融入美感學習。	開設個人部落格，每週以短文、攝影、畫作呈現生活美感的觀察。
環境	社會自然	加入計畫性環保社團，從台南沿海淨灘活動、垃圾量分析研究中連結社會、自然等學科的學習。 加入多元族群部落的教育課程。	台南地區山水地理環境與污染問題的認識。
健康	穴道	人體十二經絡初學。	理解經絡走向，以及穴道基礎運用。
體育類	足球	加入學校足球社團與校外足球俱樂部。	
	網球	加入專業網球教練的訓練班。	
生活科學	家事修繕	早餐料理。 電燈、馬桶、家務修繕學習。	獨立使用廚房，有能力自主料理。 可使用工具做簡單家務修繕及組裝家具。
	汽車、腳踏車結構研究	與美術結合，以繪圖方式畫出機械結構圖。	認識交通工具結構及基礎機械運作。

附上當初申請時所寫的關於課程的一部分內容。這個計畫隨著後來實踐的狀況有一半被修改，但仍舊依照這個方向進行。

說真的有可能是極其表面的作法，這些我都知道。但我想讓小孩看見成人的世界有多少勤奮工作的人，如果小福能和工作中的大人有一點點互動，比如被交代去掃地，去洗杯子也好，這都能讓他多出一點謙卑之心。

「如果實際參與之後，發現我們在那邊會打擾人家的話，你就當成美術課，在旁邊畫圖。」我跟兒子說了備案，萬一真的不適合打擾人家的工作，我們會站遠遠地畫汽車圖，小福可以仔細畫輪胎、鋼圈這些機械性的結構。另外，我要他起床就做早餐，做早餐這件事我也算成是一堂課。不只是做出早餐，還包含食材購買的預算以及預備，總之早餐這件事我要交給他全權負責。

我是自學新鮮人家長，第一次安排課程，事實上並不知道什麼比較好。但我喜歡經由跟孩子討論來決定學習內容，這是我在書寫申請書時感到開心又滿意的一件事。

也因為這是經過尊重他的意願而做下的課程表，孩子意識到雖沒有人限制，卻應該為自己負責。他自己有一種自覺，要好好地學，因為學習真的變成是自己的事，不能抱怨學校給的課程材料不好，也沒有同學群體可以躲藏掩飾。他擁有許多自由，但是相對要為自己的選擇付出努力。

以下是文中提到的網路教學連結：

可汗學院：khanacademy.org

BBC Learning English：bbc.co.uk/learningenglish

兒子，過來幫我一下

我在廚房洗碗，小福在餐桌上看他的 YouTube。

「兒子～過來幫我一下。」

「好～～」

自從不去學校上課之後，兒子真的變得比較好使喚。我常直接叫他「兒子」，叫兒子的時候通常都是要求他做事。也常叫他全名，喚全名的時候是我正在嚴肅警告他。法國家人在的時候叫他 Néo（法文發音是：捏喔），心情好時我叫他「徐拓拓、徐拓拓、徐拓拓」（會連喊兩三次）。只有把他寫進故事時才叫小福。用「～」這個符號，是我在家裡拉長音的呼喚！

不去學校之後，他對我的呼叫比較有感，幾乎都會回應我，也會很善良地對媽媽說「好」。但家事方面要他主動去做，還是相當不可能的一件事，但畢竟進步了。

我認為最大的因素在他心智上可以感受到家庭關係互助的重要性，因為家裡只有媽媽一個人在忙，還要輔助他的學業。所以，當媽媽說「過來一下幫忙什麼」時，他會好好地給我一個「好」，如果不能馬上過來，他會先塞個「好」給我，然後再補上：「可以給我三分鐘嗎？」或是「等我這個影片看完，還要七分鐘。」

以前在學校的時候，孩子有一種「不干我事」的惰性，尤其是在家庭生活上。

比如衛生紙抽完最後一張就抽完不管，讓空的塑膠包裝留在原位，完全不會主動去拿一包新衛生紙進廁所放；又比如我在浴室洗澡，而瓦斯爐上的水壺煮沸了，他不會主動去關火，甚至完全沒有察覺……好像這類的家務都不歸他的事，反正有媽媽在主導、關照，他只要等我「起屁臉」開罵的時候再動作就好。

學校生活幾乎占去全天生活的重要時段，回家的孩子都是累的、想放鬆的，一到家馬上拿起 iPad 好好玩上幾場遊戲，是他們一天中最重要的事，誰會在意父母的需求？爸媽希望孩子在家裡能與大人同心協力，但放學後的孩子根本沒有那根神經。

我想教導小孩生活上的事情，幾乎很難得到孩子的好臉色。我想讓兒子知道浴室的清潔要到什麼程度、鋪床的層次順序、上頂樓曬棉被要怎麼夾才不會飛掉……這些事情幾乎都沒辦法好好帶著孩子去做。因為學校生活過完，回家已經累了；還要學別的，就一定會反抗。

但是經過選擇自學這個決定，加上整個申請過程的討論，真正開始自學後他進入一種「必須主動上課」的學習形態，這歷程似乎讓小福感覺到自己的存在。一個人感覺到「自己存在是重要的」的時候，身邊的事情就開始「干我事」，他開始對自己的用處有知覺。

當然，我也會用他的知覺來多加利用。比如上週六沒事情也不用上課，我原本在洗陽台，洗陽台進進出出，房間的地板沾了我的溼腳丫，我就去擰了一條抹布擦地板。我做了一大堆事情，看他在一旁閒著，心裡不高興（不主動來幫，我會高興嗎？），於是就去拆了冷氣機的濾網。

「兒子～～過來。」

「好，可以等我三分鐘嗎？我把這一局打完。」

「沒關係，我等你打完……」（週六，不要生氣。）

等到孩子過來之後，我要求他去浴室把濾網沖沖水、洗乾淨。一開始他說不會洗濾網，我花點耐心跟他說明一下濾網的清潔方式，然後要他認分去做。

「前幾天你都沒爬起來做早餐，你要做一些別的來補吧？」

「好啦好啦！」

兒子進了浴室洗了一下，又出來，把全身的衣服都脫光，他說會噴到衣服，他必須脫光衣服洗濾網才行。他一個人在浴室忙的時候我又去拆冷氣機的外殼，等他把濾網洗好，我就把外殼交給他。

「反正你衣服都脫了，就一次洗乾淨。」

我給他另外的刷子，跟他講解了一下外殼一條一條的縫隙該怎麼刷。他嘆了一口氣，再度拿進去洗。接著我又去拿沾滿了灰塵的小木架，以及小木架上面的裝飾品，要他洗完外殼再洗後面的東西。

「木頭可以碰水嗎？」兒子問。

「你很快用水沖一下，然後用刷子刷一刷，我拿到陽台曬，就沒關係。因為沒有泡水，沒關係的。」

就這樣，一件一件東西拿進浴室給脫光衣服的帥哥洗，他每拿一件，就唉一聲，每洗完一件就說：「不要再拿過來了！」

最後都洗完，從浴室光溜溜地走出來，無奈地對我說：「媽媽，求心理陰影面積。」

「蛤？求心理陰影面積？」

我重複了一遍他說的話，只覺得好笑，兒子字彙運用的能力超好的，怎麼會不喜歡國語呢？他對文字很敏感呀。

我知道他不是那麼願意做家事，忍耐著把事情做完後向我開玩笑地抱怨他有了「心理陰影」！還要我以數學計算法求面積！哈哈！

我後來問他，你怎麼會用「心理陰影面積」啊？你也太妙了！他說，又不是我原創的，這是網路哏。喔喔，好，是媽媽自作多情，不過我又學到你們這些屁孩的用語了。

這動作到底是什麼意思？！
我也不知道，就是流行啊！
meiyi

兩個月自學狀況是有多亂

我在網路創作平台的第一號提案以兒子自學的期間做為寫作背景，盡量把我家自學的各種經驗拿出來跟大家分享，但最主要的還是「親子間生活故事」的描寫。要真正談到「自學」這個大題目，論經驗和學識，怎麼說都輪不到我。

我是自學新鮮人家長，邊走邊探索，並沒有參加任何自學團，完全依照個人能力（有限）、依照孩子的狀況（並不聽話）來嘗試沒有學校的生活。

我有點刻意一開始先不被任何人或團體影響，希望用自己的想法走一遍（當然還有兒子的想法），有點像是光溜溜地裸闖自學領域，看看身上哪裡會撞得鼻青臉腫，再去找藥來補（其實不會，只會軟爛），也可能發現自己原來天生的肌肉就很強壯，一山跳過一山。

在自學經驗上長期耕耘的家長各方面都比我有方法，您可以從網路上打關鍵字找到許多相關的資訊，例如這個自學諮詢網站（map.alearn.org.tw/contact#），有自學方面的疑惑，或許可以在此得到更有用的幫助。我的部分就請各位家長當作參考就好，我們互相加油！

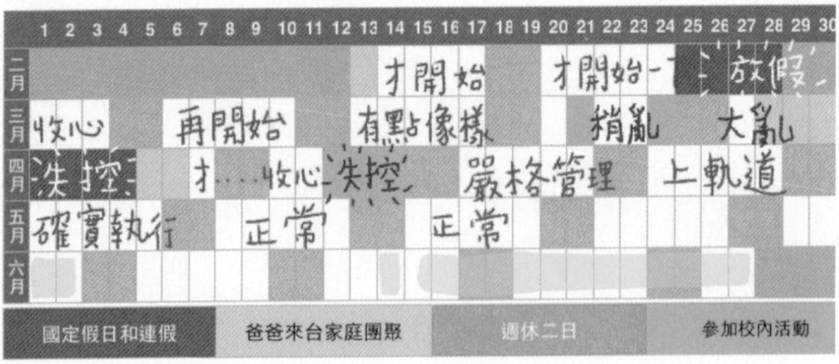

撰寫此文的時候是四月第二週，正在收心期，但後天要跟學校去畢旅……

自學已經滿兩個月，實際執行上還是有點亂糟糟，最主要是六年級下學期實在太多假期，切分了學習的持續性，加上學校畢業生的活動小福都會回校參加（因為我兒子很愛跟同學鬼混，並且以他的小學為榮），所以在家讀書的狀態快要上軌道的時候，會因為假期和活動，全部又被打亂，看上面這個進度月曆的表格就知道……

希望兒子在週五畢旅回來及週末過後，下週一可以回到在家自學的正軌，然後我要好好地靜下心把規律性調整出來，得要妥善安置孩子的心，不再讓假期弄得浮躁不定。

我也得逐漸調整寫作頻率，並且早睡。希望進入五月之後能一切正常。（認識我的人都知道，早睡這一點，我已經講了二十年了吧！我是有什麼權利罵小孩不遵守規定，我自己還不是一樣！）

我要站著上國語課

我很高興自己負擔起國語課的教學工作，每次在國語課的時間，藉著閱讀文章，我可以跟孩子討論各種事情，這篇文章有什麼意見？什麼感覺？我要他寫下來，整理思路。

在上課時，我可以要求他注意聽，而小福會乖乖聽話。我可以享受老師的權威並獲得母親想要的談心，足足滿一小時。因為平常想跟兒子談正經事，他總是一副「你講完了嗎？」的表情。但國語課就不會，兒子心裡認定這是學習的時間，老師（也就是媽媽）說什麼都要聽完。

藉著國語課，我跟兒子討論事情的深度增加許多，從作者生平、文章年代、作品背後的成因……只要我想論及的範圍，都可以談，四面八方。因此藉由課文偷渡媽媽的意識形態，也是輕而易舉（所以，教育真的是一種很輕易掌握思想控制的工具）。

大致上國語課沒有太多教學上的困難，一週三小時，並不會占去我很多時間，遇上我真的非常忙碌、需要趕稿的時候，也曾經要求兒子那堂課寫作文，等到我有空再補回上課時數。

我固定在早上十一點上課，經常上到一半去廚房洗米。廚房和餐桌不過五步距離，並沒有離開課堂的感覺，我在廚房洗米，還是在課堂上，三分鐘後，剛好回來看兒子寫的習作問答正不正確。有時候該教的已經教完，時間還不到十二點（下課時間），這時我會交代兒子記生字，五分鐘後測驗。於是我可以趁零碎時間去洗菜、切洋蔥、醃肉片。五分鐘回來考他重點字，沒答對的部分再來一次五分鐘，我回廚房繼續做飯。這樣的上課方式，有一種讓母子都很安心的感覺。

記得有一次，我跟兒子面對面坐著，國語課本放中間，旁邊有一些白紙備用。

「不對，我跟你講，你筆畫錯得很離譜，把它改正。照我這樣寫……」我在白紙上重複寫著。

「看不到。」小福回我。

「看不到不會走過來嗎？走到我這邊來看，難道還要我走過去嗎？」

明明是我懶得動，才叫兒子走過來，不是要教兒子什麼虛心求教的道理。真的是我不想移動屁股，這沒有任何教育含意在裡面。這一點要先說明。兒子走到我旁邊站著，就這樣一直站著沒回去，我順著狀況也就這麼繼續教下去。

兒子突然說：「媽媽，好像沒有『學生站著、老師坐著』這種上課方式喔？」

我：「你說得對耶！」

這雖然不是什麼偉大的發現，但這的確是一種發現。

我回：「那你會不會累？要不要坐下聽課，坐在我旁邊。」我把旁邊的椅子拉開。

兒子：「不用，我要站著。站著很好啊，站著也可以聽課。」

小福說起以前在學校的時候，有些老師會在台上很生氣地說：「你們這些學生，連坐著也不好好聽課，老師可是要站一整堂，老師站著，你們坐著，為什麼你們比老師舒服，都不能乖乖上課？」（他說各科老師都曾經這樣說過，這不難想像。換作是我，也可能說出這種話！）

小福跟我說，每次老師說這種話的時候，他心裡就會想：「其實我們小朋友喜歡站著上課，老師你也可以坐著教課，又沒有人叫你站著。」

「像我們現在這樣，我覺得很好啊！站著看得很清楚。」小福說。

孩子喜歡站，那就給他站。但此刻身為老師，客觀條件還是必須公平地比較。我說：「我只有教你一個，所以我們可以這麼做；如果同時有很多學生，沒辦法讓大家都圍著老師站，所以老師只好站起來而你們坐下了。」

我把話講得四平八穩，但事實上我想跟兒子說：「對啊，如果在學校裡，老師坐著、你們全班都站著，像這樣來上一堂課試試看，哈哈哈！」我是喜歡這樣的，可是身為老師（我是自學的國語老師呀！）似乎就必須四平八穩，不管什麼事情都要解釋得妥妥當當，當老師實在太悶了，幸好我並不是老師。

我很喜歡孩子發現規則外、慣性外、框架外的各種想法，即使那個發現沒什麼，但總能取悅我。所以「學生站著、老師坐著」，我們接下來的國語課就常以這種方式上課。

國語課
你不是想學大人寫草書嗎？筆劃順序錯了的話，寫不像哦！
會這樣喔？
我坐沒坐相，盤腿上課！
meiyi 4/17

相聲國語課與孔融

上學期，兒子已經顯露對課堂學習的不耐煩，尤其國語課。中文的學習很注重作業練習，大量的文字抄寫讓他對這門科目毫無興趣，再讓他看到古文詩詞這種看不懂的文章，心理上根本平行線。上課雖有上課，但是古詩、古文到底在說什麼？他完全不了解，也不想了解。

原本我並不知道自己的兒子無心上課，是某一天我翻開兒子的課本，問他：

「喔，你們在讀杜甫的〈客至〉，你能解釋給我聽嗎？」

「誰知道！我看不懂古文啦！」

我那天可能精神好心情好，很想跟兒子互鬥互動一下，沒想到很快就被小福拒絕。「看不懂？」又不是沒上課，至少要懂一點點啊，連一點點都看不懂，這樣不行。

「媽媽幫你複習啊，不然你怎麼考試？」其實隔天就要期中考，課文全部不懂，這樣不好吧？

說實在的，我的古文詩詞也不怎麼樣？文言文用字簡短模糊，語句推敲中總讓人不是很確定。「他到底是不是在說這個啊？」看幾個字就要找注釋，閱讀很令人彆扭。看完了，也不覺

上台一鞠躬

得有什麼高明（誰叫我們當時念中學時的文言文壞了學生胃口，意識形態的移植多於文學性，我就是被壞了的那個學生，但詩詞除外。）

選讀的〈客至〉是杜甫的詩，既然現在小學生都要讀一點詩詞，那我們也要跟上。

「來，兒子，我念一句，你念一句。」呵呵，很無聊喔？

等兒子來到我身邊，我突然福至心靈地換了語氣，整個人相聲了起來：「杜甫五嗚，字，子美ㄟ～，號，少哩陵ㄥ！」字正腔圓地，我以相聲級的腔調開始介紹作者生平。並搭配手勢、姿態開始了〈客至〉這一課。

兒子正當愛表演的年紀，也超愛聽相聲。有一次我去百貨公司吃日式拉麵時，看到馮翊綱也在吃麵，回家後我跟兒子說：「我看到馮翊綱耶！」他露出不可置信的神情看著我：「真的嗎？真的嗎？」因為兒子常在 YouTube 找相聲瓦舍的段子來聽，馮翊綱和宋少卿是我兒子心中的名人，「媽媽怎麼能遇到名人呢！」兒子臉上表情就是給我這種感覺。我兒子喜歡聽相聲，對他來說那是充滿語言趣味的表演，加上許多創意哏，他反覆聆聽，聽到都會背了！

至於我，本人畢竟是廣播電視科系畢業的，國語正音的基本課程都上過，還曾經當過一陣子配音員，模仿一下相聲，根本就是小事一樁。（是在驕傲什麼……）

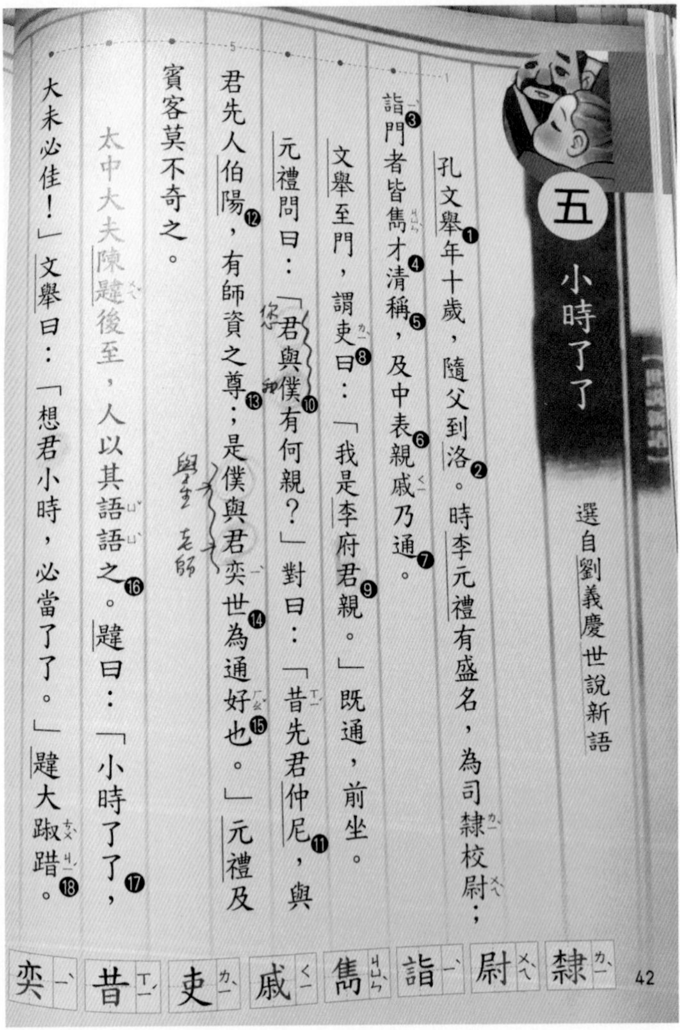
五
小時了了
選自劉義慶世說新語
孔文舉年十歲，隨父到洛。時李元禮有盛名，為司隸校尉；詣門者皆儁才清稱，及中表親戚乃通。文舉至門，謂吏曰：「我是李府君親。」既通，前坐。元禮問曰：「君與僕有何親？」對曰：「昔先君仲尼，與君先人伯陽，有師資之尊，是僕與君奕世為通好也。」元禮及賓客莫不奇之。太中大夫陳韙後至，人以其語語之。韙曰：「小時了了，大未必佳！」文舉曰：「想君小時，必當了了。」韙大踧踖。
42
隸 尉 詣 儁 戚 吏 昔 奕

這是小福的國語課本，討論後我們對於孔融有了更多的認識，也引發了孔融的行為是否適當的思考。

那一天把課本裡的古文詩詞就這樣念一遍。他一句、我一句，接著我以相聲腔調來回詢問兒子幾個重要的語詞，兒子也搞笑地仿相聲回答，我發現這樣半演戲半認真的方式，竟然讓孩子把詩讀懂了。而且還讀得哈哈大笑！隔天竟考得很好，文言文部分的試題全都答對，九十幾分，讓他自己都嚇一跳。

因為有了這次讀書經驗，小福之後遇到古文，就不再排斥閱讀，甚至有一種嶄新的眼光，只要他化身為相聲角色，好像就自然很容易懂。我這文學造詣普普通通的媽媽，教小學文言文的方式，就是演一個對口相聲裡「逗哏」的角色。

這學期有一課是選自《世說新語》的〈小時了了〉（見右頁圖）。我讓小福自己先閱讀，他可以參考文章後面的注釋與說明，試著以自己的理解力看懂全文。

我洗好早餐的碗盤後過來問他——

我：「這位先生，請問您是否有不理解之處？本人將盡己所能，為您解惑！」

兒：「沒有！但這位孔文舉似乎很討人厭，該怎麼說？是很愛用『關係』的人……」

我：「我想您的意思是，孔文舉愛『攀關係』？」

兒：「對，就是這種人。」

孔文舉就是孔融啊！我們都知道「孔融讓梨」的典故，但其實我並不知道孔融到底是一個什麼樣的人？既然「小時了了，大未必佳」，孔融有小時候，當然也有長大的時候，他長大後到底怎樣呢？

我引導小福查維基百科，讀讀孔融的生平，在「孔融讓梨」和「小時了了」之外，我們又多了解了一些關於孔融的事蹟。（事實上我原本也不清楚，教了孩子之後，我才有多一點的認識。）

「小時了了，大未必佳。」這是一句拿來酸人的話。孔融十歲聽得懂自己被人家酸了，之後還以「想君小時，必當了了」反諷之，可見有多聰明。

但是！小福不以為然地說：「媽，我覺得攀關係進去見有名望的人，這令人滿不認同的。」我兒子一直針對這點有意見，他覺得攀關係真是臉皮很厚，而且孔融對大人反諷，有什麼值得讚賞？

「太中大夫陳韙後至，人以其語語之。韙曰：『小時了了，大未必佳！』文舉曰：『想君小時，必當了了。』韙大踧踖。」

就是這一段，我再度以大人的思維來看全篇，竟疑惑起長久以來教育裡所選讀的文言文，到底要孩子讀的是什麼？到底整篇文章想推崇的想法是什麼？只是對古文文字的學習和理解而已嗎？（是的，這一課的教學重點應該是「君」與「僕」兩字的用法。）包括「孔融讓梨」都讓我疑惑了起來。會不會孔融自小就懂得在大人面前裝乖？

「我很了解喔，我小，所以我吃小；哥哥大，所以哥哥吃大的。要有倫理不可逾矩。」這也是一種儒家標準的意識形態（廢話，他是孔子二十代孫），要人遵守君君、臣臣、父父、子子順序，你晚輩你就是要伏低，連孔融四歲都懂得長幼的道理，你們這些現代人都忘了，你們都該要服從上、下階級的倫理。（以上，討厭的大人最喜歡講這樣的話了，是不是？）

雖說倫理應該出於對人的尊重，但倫理也可以是無能的長輩拿來壓制晚輩的一個框架。我們的孩子生在現代社會，反而在〈小時了了〉這篇文章中注意到「特權」和「攀關係」的不恰當，在民主社會，大家都能針對有道理的事情越辯越明，而且直接說明想法，不要拐彎抹角地諷刺，不是比較好嗎？

我會希望孩子更天真單純一點，聰明很好，那麼就有話直說，不要拐彎抹角地諷刺。有讓梨之心很好，但是典故重點可不可以不要把孩子那麼早熟善良之心，演繹成服從階級的自我限制。

我在解釋文章時，體會到國語課本選文的困難之處，也理解到老師教學上會讓學生產生的理解或誤解的難處。教育的確很難，同一篇文章解釋的角度稍有偏差，就能引導孩子走向不同的成長之路。

小事記抽屜

是什麼原因，
我文言文讀不好？
??
少來了，你在學校
英文也很爛好嗎？
不用功！

文言文很差的人

一上國中，我就很不喜歡文言文，我常疑惑老師的解釋以及課文裡的注釋一定是正確的嗎？那些簡略的文字組合，難道不是後人自己填上自己的想法？古人真的是這個意思嗎？為什麼一定要跟著課文注釋去想呢？為什麼一定只有這種解釋才算標準答案呢？

打從小學高年級開始，我一直有這個問題——你們能確定你們教我們的是對的嗎？道理在哪裡？

高年級數學的應用題已經有點困難。（不是講國文嗎？怎麼變成數學？但，學習歷程請讓我先從數學開講。）

小孩階段的我一看到應用題，不是趕快答題計算，而是先質疑題目的必要性和用詞是否恰當。記得小學五年級，我的數學變得很差，我爸受不了自己的女兒不聰明考太差，還特別撥出時間教我，但我整個晚上都聽不進爸爸的解題法，花很多時間非常用力地與父親爭辯應用題為什麼要語意模糊？

有件往事我印象非常深刻，場景重現如下：

我爸：「你把×跟○加起來就好了，他們的和就是×○×○！」

「『和』？那題目爲何不說『加起來』？爲什麼題目不寫『××跟○○加起來是多少』？」卡關在此，我就是拗。

「你不要管人家題目怎麼寫，你要看懂題目，然後答題。」我爸被我氣死。

「如果是『加起來』這麼簡單的東西，爲什麼還要用『和』來考我們？」我就是拗。

我不服從教導的原因在：數學題為什麼不能清楚？題目為什麼拐彎抹角？它到底要考我們什麼？我小學階段一直為此困擾，為什麼因數叫做「因」，為什麼質數叫做「質」？無法被整除的數字為何使用「質」來表達？

教我數學的人一定會教到腦充血，我就是怎麼講都講不聽。因為我有太多前提上的疑問，如果沒有解開，我無法學習。別人都沒有問題的地方，我就是九彎十八拐地轉不過去。由於本人有此令人不可理解的成長經驗，因此對於孩子尚未開竅前的寬容度非常高。

學生時代我是個乖小孩，但一見到古文就很生氣。覺得古人太懶惰，為什麼不寫清楚。前後多寫幾個明確的字眼來描述不是很好嗎？為什麼徒留含糊不清的句子要別人猜測？文章留到今日，竟要我們背誦懶人的東西？（若有冒犯請原諒，當時我年紀小不懂事，當然現在不是這樣想的。）

雖然國中有一段時期我還被老師選為國文小老師，但我只喜歡寫作文，喜歡老師出怪異的作文題目，題目越奇怪我就越有摩拳擦掌、躍躍欲試的熱血。可是我不喜歡讀古文（詩詞除外），都是硬背，後來也因為國文成績不是班上最好，當了一學期國文小老師之後，被換掉了。

當年的教育方式完全是填鴨式，老師很少深入談論作者。只依照著該教的內容（教師手冊吧？）告訴我們一些無聊的、考試會考的內容。而為什麼寫出這樣的文章？前因為何？古人作家的性格、思想方式、歷史背景……極少提及。也可能老師講課時曾經提到，只是上課方式不夠活潑，腦袋常放在教室外面的我因此不感興趣而毫無記憶。

學校課程中硬逼硬背的教學方式真的不適合我這種學生，早早就告訴自己：得想辦法脫離這種生活。十四歲時，我告訴自己只能為聯考犧牲一次，不能有第二次，大學聯考絕對不參加，我要趕快去讀五專。

沒想到上五專之後還是有兩年高中課程，國文幾乎都是文言文，而且超難，那時的我根本亂讀。北上念書住宿舍的同學，考試前大家會聚在一起總複習。對國文特別有領悟力的宿舍好友帶著我們一句一句解讀，我敬佩好友能把這些文字「翻譯」成白話文，但我心裡仍舊是一樣的問號，為什麼這樣解釋？道理在哪裡？

（翻譯？每次讀文言文就是把它翻譯成白話文讓眾人理解。所以說，讀文言文應該是一種專業學科，需要翻譯，跟外國文學有點類似。是否應另立一科，選修？）

總之五專階段，在新聞專業課程外的學科，我的成績非常普通，普通差。

有一年暑假，五專的國文老師派了一項暑期作業，要我們挑出自己喜歡的唐詩宋詞，任何一首詩詞都可以，挑十首，用自己的體會，依照原文以白話文翻譯出來，成為一首新詩。

全班四、五十人，不到五個同學交這份作業，我交了，因為我寫這份作業時熱血沸騰，超愛，也是老師唯一挑出來讚美的作業。（但五專同學上課很少人認真聽課，老師讚美我的時候，全班大概只有我一個人在聽。）

五專畢業後就再也不看古文。我喜愛文字，喜愛各種創作形式。學校時期的古文教學對我來說，限制了想像力，我是指對我這種腦袋來說。幸好，我也讀得不好，不太受影響。

但文言文學得不好，無損於表達力，無損於現今通用的文字書寫。當然文言文讀得好，腦海中的知識庫更廣大，用字層次更加豐富，那就是專業層次了，可以授課、指導他人。

雖然講了這些學校時期研讀古人文章的無奈，但因為文言文太浩瀚，一站在前面就讓我覺得卑微，不自覺就乖乖聽話了起來。「學生去學校不讀文言文，那是要學什麼？」堅持者這麼說，並且提出各種文言文的知識來支持理論。我無法反駁，只能說我不是讀古文的料。

我想，今日國文課如果要求學生寫嘻哈詞，那不就好了，押韻押得妙，用詞用得準確，真是酷死了，連語文能力不好的男孩都想拚命寫詞了。

我從來不敢質疑「讀古文」這件事，我們五年級這批人，被訓練為不能離經叛道的一代。可想而知，勇於改革、推動將文言文數量從課本中減少，這種政策絕對會面臨許多國文大老、大師的憤怒，並招致批評。

戰鬥力強大的年輕學者們贊同文言文比例減少，甚至應該更少，他們能引經據典、以理服人，我從他們身上得到許多信心，原來以前的我文言文考得差、讀不入心，並非語文能力不行。

這方面我沒什麼資格表示意見，只是回憶起學生時代對文言文的感受。

題外話，也因為自己在各項學校成績上不是那麼優秀，我對於成績不好的孩子，總是有很多體諒和期待，他們或許只是尚未開竅，不要硬逼或揠苗助長，那樣只會使孩子的腦袋僵化。

空白的學習（關於下課）

記得自學申請審查的會議上，有一位應該是教育局方面的人問我：「課表上，你那一堂課與一堂課中間空白的是什麼？」

我回答說，是給小孩彈性休息或是彈性練習的時間。然後那位審查員稍微有一點教導意味地告訴我說：「你要清楚標出來，到底是作業時間或是下課，空白比較不好。」事實上，功課表上一格一格的空白，是「下課」時間，下課一小時。

為什麼給小孩下課一小時？

在每日上課內容的規畫上，原則上一個上午讓孩子上兩個學科和一個操作課，下午上一個學科和體育活動安排。所以上午的學科都是六十分鐘一節，比學校的四十分鐘一節多了二十分鐘。下午的學科則是九十分鐘一節，然後就讓孩子自由活動或是回到學校打球。

我的想法是這樣的：課表一定要很簡單，簡單才容易遵守。所以我幾乎都是以一小時去計算。一節課一小時，休息一小時，再上課也是一小時。

第一次自學，我不認為自己很在行，所以內容不需要弄得很

	一	二	三	四	五	六	日
8:00-9:00	生活科學（家務操作）Cook	生活科學（家務操作）Cook		生活科學（家務操作）Cook	生活科學（家務操作）Cook		
9:00-10:00	英語 English	健康 Acupuncture（穴道）	生活科學之車廠見習	英語 English	英語 English		
10:00-11:00		健康 Acupuncture（穴道）	Garage				
11:00-12:00	國語 Chinese			國語 Chinese	國語 Chinese		
午休							
13:30-15:00		數學 Mathematic		數學 Mathematic		環境 Environment	
15:00-16:00							體育 網球 Tennis
16:00-17:30	法語 Français	籃球自由練習 Basketball		籃球自由練習 Basketball	法語 Fraiçais（文藻法文系旁聽，時間到18:00）	環境 Environment	

華麗，我只是想讓孩子實際試試看是否能啟動「主動學習」的覺知而已。如果把課程排得太豐富，我必定整天忙碌，這樣也不好（若不是自己教，就是要外出接接送送），我並不想時時被孩子綁死。牛刀小試的第一次，排最簡單、自己最方便做到的課程就好。所以我交出去的那張課表，到處是白色空格，而且一個空格就是一小時（見右頁）。

我本來覺得很合理，可是被審查委員一問，心想會不會人家覺得我排的課程很不好？哪有小孩一下課就是一小時的，這麼爽？所以趕緊說：「這是彈性休息或是彈性作業時間，給學生收放緩衝的學習時間。他可以寫作業，寫完就可以下課。」

審查會議上有其他委員，有家長代表、老師代表，態度幾乎都很 open-minded（開明），當我回答教育局這一疑問時，他們都面帶微笑地點頭……

在實際的執行上，這兩個月來，我可以感受到「擁有空白彈性的時間」對小福學習的穩定感很有幫助。比如一直無法過關的數學測驗，當觀念還沒弄清楚之前，花一小時上課也不一定通關。這時兒子可以喚我過去一起看影片、一起討論。即使必須多花三十分鐘把問題搞懂，他還有三十分鐘的下課時間可以輕鬆；主動延長上課時間，孩子不覺得有任何損失。或比如他想完整地翻譯一首英文歌詞不中斷，多出一小時的彈性時間就不會讓他感到時間急迫。

（補充說明：我兒子有一個毛病，他不喜歡中斷。一定要破關破到底。學習上也一樣，觀念還沒懂、測驗沒過的，我跟他說明天再繼續就好，但他通常不願意，執意要一次弄到好。在電玩裡，就是所謂的沉迷，會讓我氣得抓狂。但這種個性在學習的追根究柢上，其實又滿好的。）

幾乎沒有提早上完的課程，即使有幾次提早結束，空白無事的時間我打定主意不管他，即使他沉迷在各類的 YouTube 影片或是各種遊戲的精進中。下課時間是他的時間，只要上課時間到了，再回到該上的課程中就好。

我現在還不懂兒子在空白時間中有什麼收穫？我一定不懂。就像在創作成果出來之前，我花很多時間在路上閒晃、逛街、咖啡館聊天、看電視、烤蛋糕……我身邊的人永遠不懂為何我總是看起來沒有努力工作，他們不懂我心裡正忙碌地沉澱所有的感受，正在以放空提煉覺知做為創作資源。

偶爾我會念小福沒有起來走動、活動筋骨，或是長時間盯著螢幕沒讓眼睛放鬆。但我刻意不讓自己出現母親慣性的嘮叨，如果希望孩子能在學習上自主、在生活上自制，那我需要相信小孩自己有能力在空白的時間中獲得生命召喚他探索自己所需求的資源。

生活的規律

二月十三日開學至今，整整過了兩個半月。但這期間包含了兩次長達四天的連假、一次家庭旅行、一次畢業旅行，和參與學校的畢業紀念冊拍照。每次一有活動，學習狀況很容易被影響。不僅小孩的心很浮動，生活也不容易規律。

我四月初整理出了第四十六頁的表格。我決定在四月底好好地把生活拉回正軌，希望五月能確實在學習和生活起居這兩大項目表現得好一點。

我自己是一個很不容易規律化的人，倚賴創作維生的不確定性，不可以當成藉口。但說真的，一旦有工作煩心的時候常常熬夜晚睡，工作一清空，又開心得想放肆、放空、放掉規矩。現在沒有學校的上下學時間做為校準鐘，我真的不是一個很能控制孩子規律生活的母親。所以，沒有學校之後，我發現最倚賴學校的不是孩子，是我！

是家長需要學校幫忙把生活拉上正軌，讓小孩在家長之外還有一個機制——學校，能讓孩子生活起居有所規範。（說什麼都得對學校抱以感謝之心，因為我們的孩子是別人幫忙照顧。）這兩個半月中，我們做了一些修正。修改掉不恰當的安排，最重要的是反省自己哪裡沒有做好。

反省自己哪裡沒做好，要如何找到方法做得理想一點？我非常希望小福可以在這次自學中學會「自我修正」。不期望一次修到好，但至少要有能力看見自己的缺點。做得好的部分，一定要好好保持下去，去想想為什麼能做得好，藉此了解自己的專長和興趣。

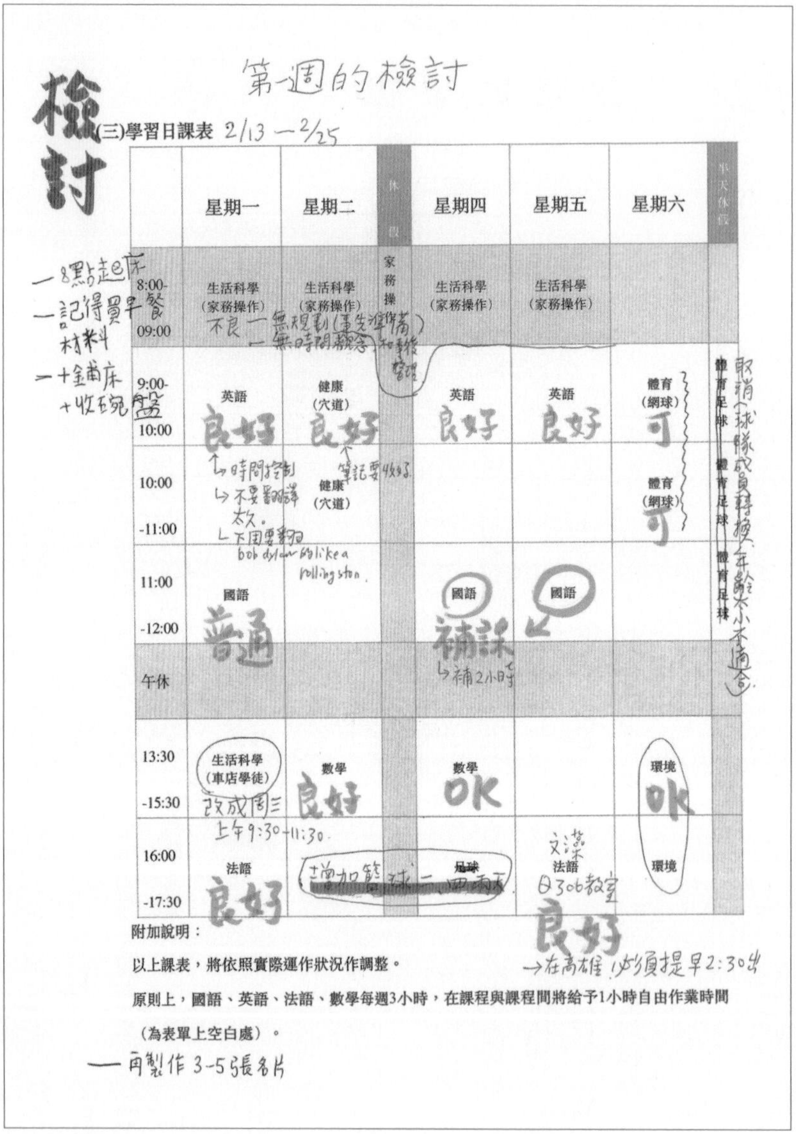
第一週的檢討

檢討

(三)學習日課表 2/13—2/25

	星期一	星期二	休假	星期四	星期五	星期六	星期天休假
8:00-09:00	生活科學（家務操作）	生活科學（家務操作）	家務操作	生活科學（家務操作）	生活科學（家務操作）		
9:00-10:00	英語 良好	健康（穴道） 良好		英語 良好	英語 良好	體育（網球） 可	體育足球
10:00-11:00		健康（穴道）				體育（網球） 可	體育足球
11:00-12:00	國語 普通			國語 補課	國語		體育足球
午休							
13:30-15:30	生活科學（車店學徒）	數學 良好		數學 OK		環境 OK	
16:00-17:30	法語 良好	足球			法語 良好	環境	

附加說明：

以上課表，將依照實際運作狀況作調整。

原則上，國語、英語、法語、數學每週3小時，在課程與課程間將給予1小時自由作業時間（為表單上空白處）。

【第一週的檢討】這是第一週之後的修正。上課情況大致良好，最麻煩的還是小福不習慣主動做家事。不過這是第一週，真正的問題還沒有出來，修改的大多是課程時間的移動。這一週，問他自己上網學習是否有困難之處？他答說「很好」。所以，基本上以網路課程為主的課，都正常執行。

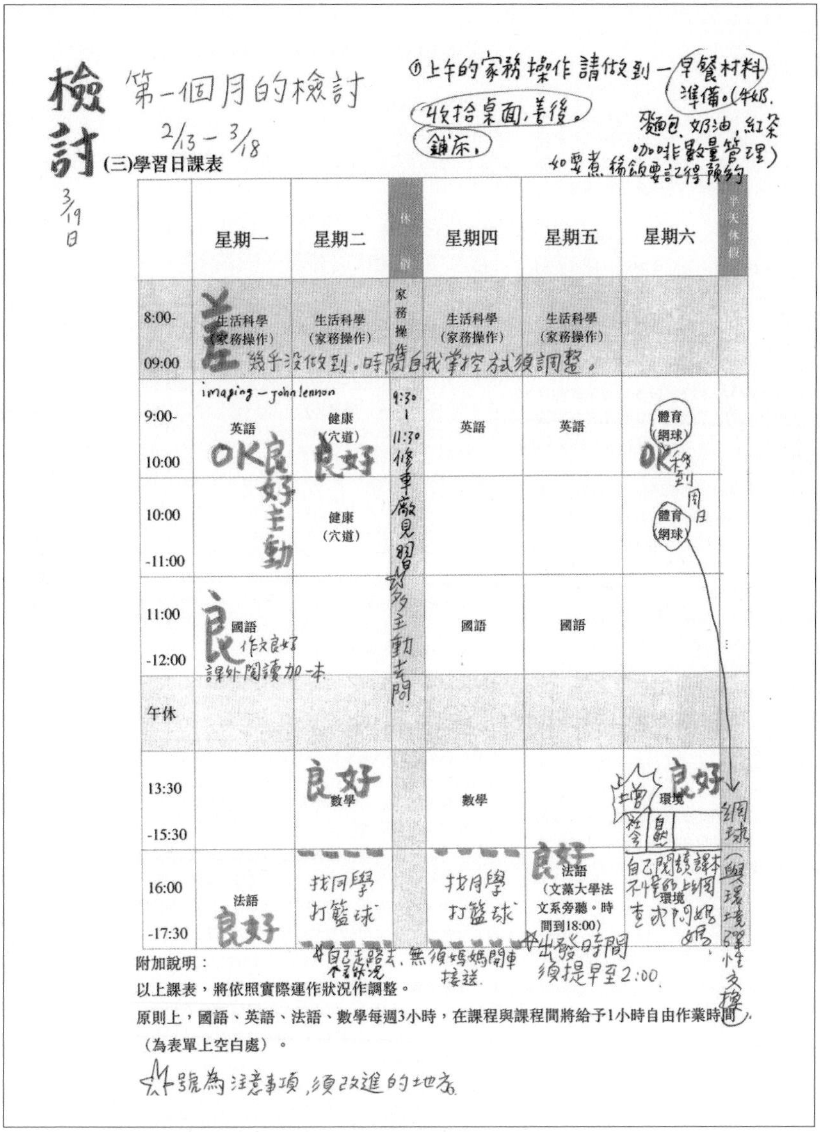

檢討 第一個月的檢討 2/13－3/18

3/19日

①上午的家務操作請做到－早餐材料準備。（牛奶、麵包、奶油、紅茶、咖啡數量管理）如要煮稀飯要記得預約 收拾桌面、善後。鋪床。

（三）學習日課表

	星期一	星期二	休假	星期四	星期五	星期六	半天休假
8:00-09:00	生活科學（家務操作）差	生活科學（家務操作）	家務操作	生活科學（家務操作）	生活科學（家務操作）		
9:00-10:00	imaging－john lennon 英語 OK良好主動	健康（穴道）良好	9:30－11:30 修車廠見習 ☆多主動去問	英語	英語	體育（網球）OK 移到周日	
10:00-11:00		健康（穴道）				體育（網球）	
11:00-12:00	良 國語 作文良好 課外閱讀加一本			國語	國語		
午休							
13:30-15:30		良好 數學		數學		良好 環境 ☆社會 自然	網球
16:00-17:30	法語 良好	找同學打籃球		找同學打籃球	良好 法語（文藻大學法文系旁聽。時間到18:00）	自己閱讀課本 不懂的地方查或問媽媽 環境	（與環境彈性交換）

☆自己走路去，無須媽媽開車接送。不論狀況

☆出發時間須提早至2:00

幾乎沒做到，時間自我掌控試須調整。

附加說明：

以上課表，將依照實際運作狀況作調整。

原則上，國語、英語、法語、數學每週3小時，在課程與課程間將給予1小時自由作業時間（為表單上空白處）。

☆號為注意事項，須改進的地方。

【第一個月的檢討】好的部分還是很好，不好的部分完全沒有改善，甚至更差。不過我知道這實在是因為太多假期、太多讓孩子心情浮動的活動所造成。我自己性格不規律，孩子跟隨我，難免被影響。

在與我討論之前，我請小福自己寫出對每一個科目的學習感受，左圖是兒子的作文，我讓他以自學生活做為主題寫作，這是其中一篇。充分直白地講出媽媽的缺點，抖出我不為人知的底細，讓我覺得相當汗顏。

做早餐

小福版本

做早餐永遠是我們自學最有問題的課，這點是真的。問題在於我們永遠沒辦法早起，有時候雖然起來了，但是想回到床上躺一下，就直接又再次的睡著。如何改變這個習慣呢？當然就是晚上的時候早點睡啦，但是好們似乎還沒成功幾次。

我們都會幾乎天天說今天或明天一定要很早起，到了晚上，我第一個步驟是做對的，就是九點就把電腦關起來，但是接下來就變得亂七八糟了，可能會去看一下iPad，想說才九點，看半個小時應該沒關係吧，但每次都覺得時間跟滑水道滑下來一樣快，看了幾個影片，就快要十點了，那個時候會想說把這個影片看完就休息吧，但是手指就是無法控制，會自動去點右邊的另一個影片。這時候，媽媽會開始叫我睡覺，不過就跟上次我說的一樣，要叫差不多三次才有效。好了，我關掉了我的iPad，但是媽媽會在寫文章或看一些影片，每次都會莫名的吸引我過去看，而媽媽跟我都沉溺在裡面，會突然忘了時間這回事。不過過了一段時間，媽媽會清醒，想起有時間這種事情，她會把她的大iPad關起來，我會不知道為什麼想繼續看，但媽媽會說「不是說要早睡嗎？你快去睡覺啦」，然後我們就會去睡覺。等一下，還沒結束喔，媽媽會拿起手機吃他的「安眠藥」，也就是Candy Crush，媽媽她說玩那個她會很想睡，但我都直接就睡了。

好了，我們又醒來了，不過，沒錯，又九點了，應該八點起來做早餐，但是這樣也還好，因為早上有一節下課，但如果我九點醒來，我就無法下課了，這大概就是遲罰吧。所以我是天天都在自作自受啊！！！

媽媽修改

做早餐永遠是我的自學生活中最有問題的課，這點是真的。

問題在於我永遠沒辦法早起，有時候雖然起來了，但是想回到床上躺一下，一下下而已我又再次立即睡著。如何改變這個習慣呢？當然就是晚上的時候早點睡啦，但是我似乎還沒成功過幾次。

媽媽跟我常為此事反省，我們幾乎每天都會鼓勵彼此「明天一定要很早起！」我也常下定決心不讓媽媽失望。

到了晚上，通常我的第一個步驟做得很對，就是九點一到，電腦就關起來，但是接下來卻變得亂七八糟了。可能會去看一下iPad，想說才九點，看半個小時應該沒關係吧，但每次都覺得時間有如我坐上滑水道滑下來一樣快，看了幾個影片，就快要十點了，那個時候會想說把這個影片看完就休息吧，但是手指就是無法控制，會自動去點右邊的另一個影片。此時媽媽會開始不高興的叫我睡覺，不過就跟上次我說的一樣，差不多要喊我三次才有效。

好了，我關掉了我的iPad該上床去睡覺了。但是媽媽有可能還在電腦前工作或是處理郵件和留言，我看到媽媽還不睡覺，我自然也不想睡。

有時候，媽媽叫我去睡覺，她自己還在看影片，每次都會莫名的吸引我過去看，媽媽跟我都沉溺在劇情裡面，會突然忘了時間這回事。

不過媽媽是會清醒的！過了一段時間，她會突然想起有時間這種事情。

「啊啊～現在幾點了？你快去睡覺啦！」

她會把她的大iPad關起來，但我還會要求她繼續看下去。但媽媽會說「我們不是說要早睡嗎？你快給我躺下？」在這種時刻，通常媽媽都是一副很生氣的樣子，所以我也只好乖乖睡了。

等一下，還沒結束喔，我可能已經睡著了，但媽媽會拿起手機吃她的「安眠藥」，也就是Candy Crush，當媽媽睡不著的時候，她打開Candy Crush抓幾顆糖果之後就會想睡，所以她都說那是她的安眠藥！

隔天，我醒來了，沒錯，又九點了！應該八點起來做早餐，但我經常晚起一個小時！經常媽媽早就起來，她肚子餓只好先幫我做早餐。所以我常常無法乖乖執行我的第一堂課。

不過，每天上午的英語課跟國語課中間有一個小時的下課時間，因為九點醒來，我就無法下課了，這大概就是懲罰吧。晚起一小時的結果，上午我都沒有下課時間，所以我這是天天都在自作自受啊！！！

左欄是兒子原來的作文，右欄紅字部分是我建議他如何修改。

誰的缺點？

自我訓練

自從不必去學校上學之後，小福的睡眠整個放鬆，沒有起床的憂慮感，也沒有作業壓力，兩個月後胖了三公斤。

一直以來我兒子的體重都在成長曲線的百分之十以下。六下的自學生活，睡飽飽、吃太好，瘦子小福長肉了。腿、臀整個粗壯起來，大家都說他臉變圓，他發現自己腰部的肉也長出來了。

「媽媽，我不要吃第二碗，我怕胖。」

「不會啦，你傻瓜，這時候你累積一點肥肉，國中的時候才能用這些肉肉抽高啊！」這是沒有科學理論基礎的說法，是婆婆媽媽一般的口傳心得。

小福是吃得下第二碗飯的，但他不是重口欲的孩子，不吃也沒關係。但，如果我再說：「沒吃完我很難處理，拜託你吃一下，媽媽就不用處理剩菜。」通常他會乖乖把剩下的菜吃光。這一點他很好說話。小福在飲食和服裝上，都沒有堅持，我說吃什麼就吃什麼（除了他不愛的海鮮和薑和香菇和青椒和苦瓜……咦？其實也滿多不吃的東西。）在衣服方面也隨便，我說穿什麼他就穿什麼，完全沒意見。

服裝沒意見，但身材可不是！

腰上出現了肥肉他自己不太能接受，畢竟過去十一年來，他一直都是個瘦子，彎點腰看到自己腹部可以擠出一塊肉，竟然在意得不得了！

我說：「那又不是多肥，是正常的肉啊！」

小福：「哪有，我以前都沒有這樣！」

他最近也不喝湯了，因為以前我曾經嚷嚷叫著：「啊，我不能喝湯，我快胖死了！」是的，我愛喝湯，每次都要喝兩碗以上，豐富的菜飯加上湯，每一餐都吃得太飽足，若不節制，胖起來的速度是很快的。所以我常一邊喝湯一邊不甘願地克制自己，這些怕胖的哀號都被他聽進去了。

「兒子，你喝湯沒關係，你根本不胖！」

「那你為什麼不喝！」

母子兩人為了肚子上那一小坨肉算不算胖？爭論了幾次，沒有什麼共識。

某天他開始在休息的空檔做仰臥起坐和伏地挺身……他會跑過來跟我說：「媽，我剛做了五十下仰臥起坐，不很難耶！」或是叫我過去一下：「媽，你過來看，我伏地挺身這樣算標準嗎？」他向我表示會自己做運動來減肥。

當然好啊！管他有沒有肥？練體力、練肌肉當然很好。

但小福覺得這樣還是很不夠，他要求我一定要在下午四點帶他回學校，他要跟放學後的同學留在籃球場上打球。原本一週計畫去二次，這個月要求週三還要加場次，每次打球都打到同學走光了才離開，至少一個半小時。

孩子愛運動，怎麼能不配合？所以今天中午從修車廠回來後，匆促吃過午飯，馬上奔到學校，在烈日下打籃球。我送他去學校，再返回家裡午睡，直到他打公共電話叫我去接他。（兒子在運動，你在睡覺，媽媽你怎麼可能瘦下來？）

一上車，兒子看著我，他那被太陽曬得紅紅的臉和打球後明亮的眼神，以一種深思熟慮的語氣跟我說：「媽，你看我這樣的計畫好不好？我打算每天做一百下仰臥起坐……」

我：「一百下？嗯，一百下會不會太多了？」

兒子：「不會啊，一百下一下子就做完了。可以啦！然後我再做十五下伏地挺身。嗯，因為伏地挺身比較難，所以十五下。」

我：「好，很棒！我會盯著你。」

兒子：「還沒完，仰臥起坐一百下是第一天，每天再增加十下，第二天就是一百一十下，第三天是一百二十下，以此類推。伏地挺身就每天多做一下，所以就是十五、十六、十七這樣增加。」

我：「真的嗎？這樣會不會太多啊？兩個星期後就二百多下了耶！」

兒子表示他反正就是以此為目標，先做再說。一個小男孩真的想做什麼事，他做得到嗎？我倒是要看看。

媽媽我最欠缺的就是持續性的毅力了，我的人生中充滿了對自己的姑息，對目標的偷懶！希望我兒子不要遺傳到我這種三分鐘熱度，那只是難以自我提升的暫時激情。如果孩子能一直保持追求目標的持續性，我會很感恩上帝給我一個比我還棒的孩子！

兒子又說：「還沒講完，像這樣一百下加十五下，一天要做三次。」

我：「啊？那太多了！你做不動啦！」

兒子：「哪會，昨天你洗澡的時候，我已經做三次了。」

我：「真的假的？」

兒子：「我騙你幹嘛，做完好累，我一下子就睡著了。所以我覺得拚命做運動，也可以讓我早睡。」

唉呦，小孩也是很會想、很會安排生活的！

最後我回答他：「好，媽媽要跟你一起消肚子肥肉，我們要一起加油。」

充滿鬥志的母子，從學校回家的路上，兩人眼中都浮現了身材健美的遠景……

最好你們是啦!
meiyi 4/26 2017

教數學

我一直都過於自信地認為兒子的數學很好，這不是因為他過去在學校的考試成績。其實小福在學校的數學成績都只是不差而已，並沒有很優。我會認為孩子的數學頭腦還不錯，是因為從小對他的觀察。

記得在一年級時，有一次他躲在餐桌下一個人玩積木，那是一大盒尺寸一致的長方形木塊，是當初阿公（我爸爸）開木器工廠時巧妙利用木料的剩材餘邊所製作的積木。阿公把檜木一塊一塊裁切整齊，並磨細上漆，當初曾經製作成玩具骨牌來賣，但三十年前的人們並不注重自然材質，沒有顏色的原木玩具不太有人買，所以一陣子之後便不再製造，剩下的積木骨牌，我爸媽全部保留下來做為傳家玩具。所以小時候小福有如山堆般的檜木骨牌可以盡情玩耍。

那一天我在電腦桌前寫稿，小一的兒子走過來問：「媽媽，『4成語6』是不是24？？」

「4乘以6？」兒子知道九九乘法？我驚訝地回應他。

「嗯，我是問『4成語6』是不是24？」

「對啊，你怎麼知道？」我並沒要求兒子背九九乘法，連教也沒教過。

小福用當時還肉肉的小臉，狀若思考地回答我說：「我把積木四個放在一起，排六排，就是二十四個。所以我想『4成語6』應該是24。」

我不知道孩子是怎麼把生活中吸收到的小小訊息串連成屬於他自己的理解？他自己覺得這中間有些微妙的意思耐人尋味，走過來和我分享他的見解。我除了跟他解釋「乘以」不是「成語」之外，對於孩子抓到倍數的趣味感到很驚奇。所以我認定他能很快理解乘除運算，即使他才剛剛開始學習加減。

一直到三年級，學校加入了乘法教學，老師並未硬性規定背誦，但班上幾乎每個孩子都能喃喃念出九九乘法的數字。我以為兒子對乘法很有概念，背一下對他來說不是難事，但小福說什麼也不願意去背那個表。

「你背一下嘛，以後算數學會變得很快喔。」不敢硬逼，只能誘導，我自認為是一個在教育上很開明的家長，這種事情逼了就揠苗了、填鴨了，我做不出來。

「可是我不用背，我用想的就可以了啊，我不想背！」兒子一直都是這麼決斷地告訴我。我問他，「你說用想的，要怎麼想？」小福會告訴我他腦內如何運作，方式有點笨笨。

比如7＋8就是兩堆5各自再堆上2和3，把2和3拿來拼在一起，就會變成三堆5，就是15。如果是7×8，就是先想7×10＝70，然後扣掉兩個7，70先記好貼在腦子的一側，2個7就是兩堆5加上兩個2，70減掉兩堆5就是60，再減兩個2就是

56，答案56。小福做數學時，腦子裡彷彿有一堆積木，他在腦袋裡堆排這些數目。

「天啊，兒子那太花時間了！你就背一下，七八五十六，答案不就出來了嗎？」

「反正我會啦！」

「寫作業會很慢喔，考試也會寫不完，要不要背一下，反正你要用頭腦想也可以，用背的也可以，兩種武器都有不是很好嗎？」

「背那個就是很煩。」兒子說。

我算是說服力很強的人，可是我說不動兒子，好吧，我也聽說過不背九九乘法的好處。既然兒子要這樣做，媽媽就隨你了。（天啊，我教小孩是否太過寬鬆？）

兒子堅定地用自己的方法，這一點我內心倒是很激賞，對媽媽的勸說毫無鬆動，我真不知道他哪裡來的信心？我已經告訴他「照傳統」的方式的好處，如果他不要，那就讓他真正回到數學的本質——思考。

因為我的放任，我家小孩考數學常常是寫不完的那個學生，好幾題應用題寫不完而空白，成績總是七十、八十分左右，沒辦法更高。但我還是覺得他腦袋裡數學運作模式是特別的，我不想去破壞它，搞不好這種思考模式能創造特殊的解決問題的方法。

「你想得美～～小孩就是懶得背，你以為喔！」是的，我也這樣想過。

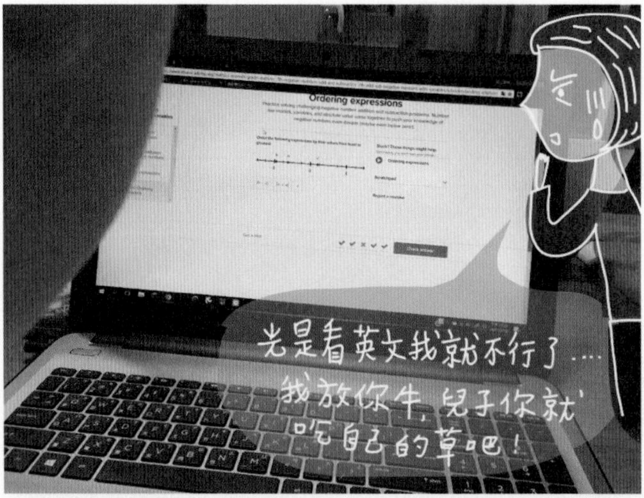

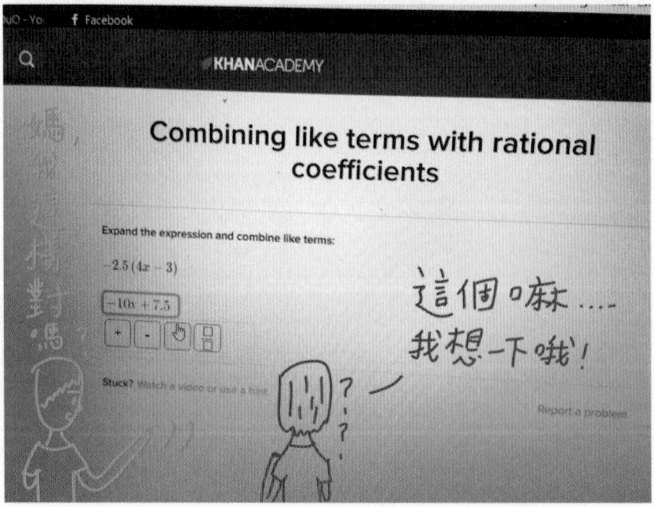

小福在英文的可汗網站上自學數學，不管是英文或是數學，程度都已經超越我。

萬一是我對孩子的美化，自以為孩子特別不同，那也罷，那也只是我對他數學能力的誤判而已。這個誤判，搞不好能創造比數學更好的東西（至於是什麼東西，我也不知道），至少我們在「要不要背九九乘法」這件事上沒有爭執。

一路念完五年級、六年級，小福一路上來數學一直都不太差，但也不是最優。我幾乎沒管他在這方面的學習，直到六年級下學期的自學。六年級的數學已經到了我必須要思考一下才能教學的程度，但我對兒子數學能力有信心，就放牛吃草地讓小福自己從網路上學習。遇到不懂的再問我，見招拆招，只要我想一下應該就能應付，就不信小學程度的數學我不會！

前面幾篇文章有提到，數學的部分，孩子接受我提議可汗學院的課程，事實上我並不清楚哪一套網路課程好用？可汗的評價高，那就來試試看可汗，雖然是以英語教學，但是孩子本身也喜歡挑戰英文，就當作跨領域學習，把英語跟數學混在一起，搞不好對孩子來說更能提高興致。

上社會課

原本我沒有安排社會課，因為在自己的經驗裡，真正有用的社會課是成長後接觸到整個社會系統之後，才開始對公民權益、政治組織、土地意識產生極大興趣。小學階段，我反而希望孩子花較多的時間在地理的認知上。

但小學社會課本裡的內容其實非常豐富，只是也相當廣泛，小孩學了大框架卻記不住，最後淪為考試硬背，真的要問他們社會課是否學到可用的知識，他們很難在有限的心智裡有邏輯性地回答你課本以外的問題。

（當然這跟帶領課程的老師也有很大的關係，懂得帶領孩子的老師可以把社會課講得非常有趣。我無意批評國小的社會課程，單純只是一個對社會、歷史、公民權益有敏感度的大人的一點想法。）

在這次的自學當中，我沒有將社會課拉出來成一個課程，而是當成飯後甜點般的點綴。吃了國語、數學、英語正餐之後，再吃一點社會甜點，讓孩子摸到一點公民該有的認識。在功課表之外，我會依狀況把社會課本丟給他。（狀況是，孩子無所事事但又還滿聽話的時候。）

我要他自己像讀課外書一般地讀學校的社會課本，把他自己覺得是重點的地方圈起來，大概讓他自己讀個十五分鐘之後，再給我看他畫的重點。然後，我會問他為什麼圈這裡？為什麼圈那裡？之後就是互相討論。

今天讓他讀的內容剛好是第三章〈漫遊國際組織〉。我忙著煮義大利肉醬，也沒什麼時間跟他討論。於是我要求小福把課本裡他覺得有疑惑的地方寫在紙上，本來要求他寫下十個疑惑，但是他不知道在摸什麼，寫了好久才寫出一個。

「我午餐都快煮好了，你才寫一個！」我生氣，孩子每次都沒法如我願，我並沒有要他非得寫出十個，但居然連五個都沒有！

「拿來給我看，是在搞什麼？寫這麼久？」我把瓦斯爐火關了，讓肉醬在鍋裡悶一會，味道會更融入、更濃郁。

原來他在刻字。

我沒有要孩子做這樣的事情，我們不是在上美術課，我要他讀社會課本，然後輕鬆地寫下他的疑問來跟我聊天，但是他卻在做刻美術字這種事！

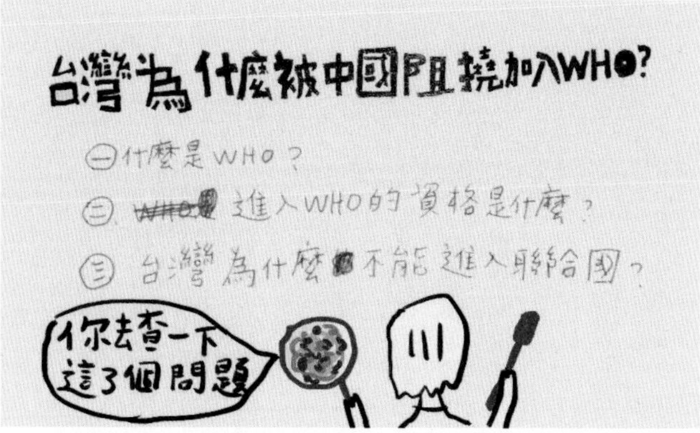

不過一看到問題，我就知道對孩子來說，這一章最大的疑問就是他提的這一項。一時難以回答，又想趕快把午餐弄好，於是我在他的疑問後面寫下三個問題，請他去查課本或是維基百科。

趁他查資料的時候，我趕快打開瓦斯爐煮義大利麵條，等到麵條煮得差不多的時候，撈起來放一旁，然後走到他旁邊問他查得如何？

「媽，你的第三題，就差不多是我問你的題目啊？因為WHO是聯合國裡面的組織，不能進入聯合國當然就不能進入WHO呀！你用你的問題問我的問題，這不是矛盾？」孩子說。

「這是一個大問題，要從第二次世界大戰開始講。」我說。

「聯合國是二次世界大戰之後才成立，媽媽你說對了！」兒子知道我要開始長篇大論，往房間走去。我以為兒子要逃開不想跟我討論，怒火又起，馬上說：「你要去哪裡？」

「我要去房間裡面，裡面才有冷氣，啊你一定會講很久，我們去裡面講好了。」兒子半詼諧半諷刺我，一副裝乖的樣子。他真是了解母親的死穴，我實在不知道如果不從「中華民國推翻滿清與二次世界大戰後的混亂」這一段開始講，該怎麼去解釋台灣在聯合國的問題，也不知如何回答為什麼被中國阻撓加入WHO。

情況變得有點好笑，我被兒子領進房間，在床上一人坐一邊。

這一講，半小時，我已經盡量把中華民國原本在聯合國的席位為什麼變成中華人民共和國的前因後果盡量簡化、客觀化地說給他聽。這世界上只有一個中國，沒有兩個中國，而台灣為何會陷入一個不被世界認同的中華民國、但也無法建立台灣共和國的處境，台灣人是在什麼歷史翻轉當中被推到今日的地步……

這一段我知道真的不好教，因為台灣人在過去的教育中已經被填入太多似是而非的意識，我們五年級這一代都還是在戒嚴時代裡讀著錯誤的歷史長大的，我們的社會還存在眾多矛盾，雖然孩子本身已是天然、天生地認同台灣，卻無法在教育中有清晰的思考脈絡來讓他們了解這一切。

說著說著已經十二點半，孩子也逐漸沒耐性。該收場了。

我說：「好吧，來吃義大利麵吧！」

幸好孩子只列出一個疑惑，而不是十個疑惑。但這一個疑惑如果弄懂了，大概社會課也就讀得差不多了。

阿公的穴道課

自學的課程中，我排了「穴道課」。我想這應該是最特別的一堂課。安排這堂課我有三個用意：

第一、家裡就有一個很受歡迎的穴道老師——阿公（我爸爸），這是非常容易取得的教學資源，不用的話太可惜。這堂課主要是讓孩子對人體經絡有粗淺的了解，透過阿公的研究與教學，小福可以得到兒童專用的穴道祕笈，不要說多厲害，只要學會在受寒、感冒症狀初侵襲時，可以知道趕快按壓哪些穴位，懂得用穴道來自我保護、增加抵抗力，就已經非常受用。

第二、阿公以台語教學，這堂課同時也是母語課程。

第三、祖孫的經驗傳承。我希望孩子透過學習，能尊敬阿公的研究，將來在生命中會留有一段向阿公學習的回憶。當然阿嬤也會在一旁幫忙準備舒適的上課環境，切水果、吃點心。這些都是祖孫之間相處的點點滴滴，我希望兒子腦海裡能留存下這一段溫暖的回憶。

但是！我兒子會不會排斥呢？穴道課對他來講，會不會太老氣？會不會無聊？在尚未上穴道課之前，我有這麼一點擔憂。

阿公認真指導小福認識穴道和經絡，桌上擺的是阿公自己編寫的教材，小福一邊畫穴道位置、一邊筆記。

我兒子雖不愛事事聽話，但也有認命的一面，他對我安排穴道課的態度還不錯，跟我說：「不去學校上課，就是要自己學啊，學穴道可以啊，很酷！」其實小福很認命地知道小孩需要學習，沒有學校他必須自己學，平常日子時間一到，會主動開網路課程自行上課。該上穴道課的時間也從不反抗，說走就走。

「學穴道為什麼很酷？」我問。

「沒有小孩在學這個，同學都不懂，只有我懂，這樣超酷的！」小福答。

好吧，跟唱 B-Box、轉指尖陀螺、跳街舞一樣，懂得人體經絡、會按穴道，對他來說屬於超酷的那一邊。我前面期望的三點，和「超酷」一比，當場顯得好老派！

一開始阿公特別一對一指導了四堂課，有點像是兒童祕笈課，包含了感冒受寒、拉肚子、眼睛保健等，把兒童常發生的小毛病整理得簡單易懂。一次上課約兩小時，當我去接他的時候，阿公阿嬤都讚美他上課專心。（我不留在上課現場，免得干擾祖孫授課，有媽媽在的場合，小孩真的比較不專心也不聽話，所以我得離開。）

四堂課之後再加入其他大人的經絡課程一起上，從肺經、大腸經開始，一條經絡接一條經絡，有系統地聽課。孩子沒有我想的那麼排斥，反而因為穴位就是長在身體的肌膚裡，就在身上，隨時可運用，令孩子對這知識有一種實用而具體的接受度。

現在他也會在我不舒服、唉唉叫的時候過來幫我按按手臂或按按肩膀，且手法都很正確，我有一種無心插柳得到好處的幸運感。

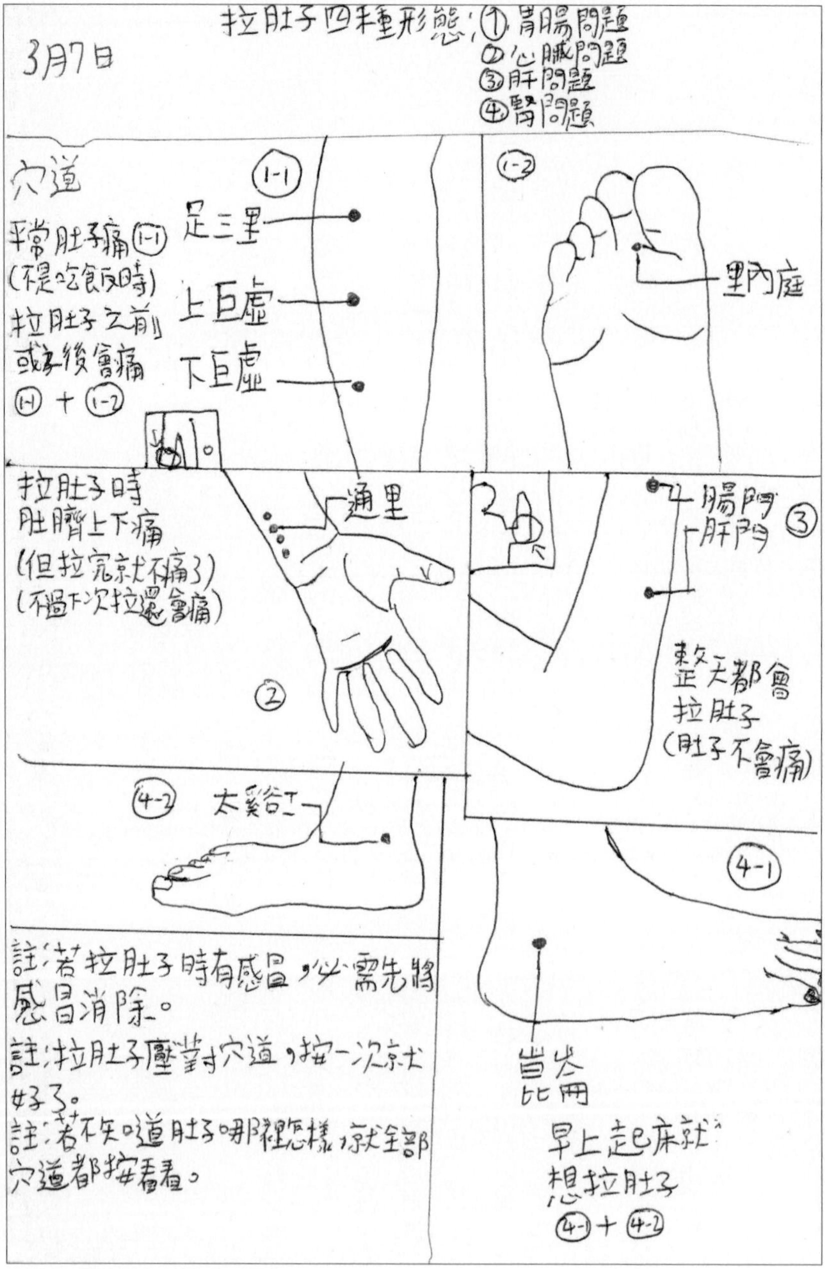
拉肚子四種形態：①胃腸問題
②心臟問題
③肝問題
④腎問題
3月7日
穴道
平常肚子痛(1-1)
(還沒吃飯時)
拉肚子之前或之後會痛
(1-1)＋(1-2)
1-1
足三里
上巨虛
下巨虛
1-2
內庭
拉肚子時
肚臍上下痛
(但拉完就不痛了)
(不過下次拉還會痛)
通里
2
腸門
肝門
3
整天都會
拉肚子
(肚子不會痛)
4-2
太谿
4-1
崑崙
早上起床就想拉肚子
(4-1)＋(4-2)
註：若拉肚子時有感冒，必需先將感冒消除。
註：拉肚子壓對穴道，按一次就好了。
註：若不知道肚子哪裡怎樣，就全部穴道都按看看。

小福的穴道課筆記，寫得非常仔細用心。

英語自學最強方法

小福的英語能力在他的年齡層中算是很不錯。過去在學校，大考、小考幾乎都滿分，週三下午上外籍老師的社團課程，曾被稱讚發音很標準，也曾被學校推派去參加校際比賽，拿回特優獎座。我從未在學英語這件事上要求他，只見他用自己的方式一點一滴進步，就這樣把英語學得有模有樣。

不過，看見小福長相有西方人輪廓的人也許心裡會想著：「他爸爸是外國人，他英語一定很好啊，基礎不一樣。」

但「外國」有很多國，法國人的英語滿爛的，小福的爸爸和爺爺奶奶只跟小福講法文，我在家只跟兒子講中文，去阿公阿嬤家是講台語。小福的家庭生活中不管是在法國或是在台灣，都沒有家人以英語跟他對話，甚至連一本英語繪本都沒看過。到底他是哪一根神經跟英語接上線？

八歲那一年，我們從台灣回法國念三年級（CE2），一年後再度回台灣小學念書，就在那一年，我發現他很自然地接受英文並使用英語。

「我們明明是回法國，那是一個連電影都覆蓋法語配音的國家，沒有理由孩子人在法國卻英語能力大增？」我不解這是什麼原因。莫非跟法國學校教的英語有關係？難道法國的英語課比較好？不，這是絕對沒有的事，法國小學ＣＥ２的英語跟台灣比起來不見得更優，在我眼裡看來是很制式化的。比如，我記得小福的法國英語講義這樣寫：

【英語會話】

打招呼——

A: How are you?

B: I'm fine.

C: I'm sad.

D: I'm so so.

我不清楚法國老師怎麼教ＣＥ２的英語課，或許這樣的方式有其目的。但看到「I'm so so.」會直覺地認為這教材編寫者有點 Frenglish（法式英文），以法文中常用的「Comme ci, comme ça.」（還可以、馬馬虎虎）為概念來寫講義。

小四回台灣那年，兒子在我的桌上型電腦玩線上遊戲，我跟所有的家長一樣，可以讓孩子有節制地玩電玩，但一聽到線上遊戲則顯得有點保守，馬上想到是不是孩子「沉迷」了？想到網路上很多壞人會利用線上遊戲來騙小孩……當時我心中覺得不妥。

「要吃飯了，不要玩了，馬上！」我說。

「媽媽，我現在不行……」

How are you?
I'm so so.
啊……
不是該客套的說出……
Fine, Thank you. and 啾?
不是嗎?

「有什麼不行，不過就是遊戲輸了，有什麼了不起？你馬上過來吃飯！」
「媽媽，給我五分鐘，我跟我的隊員說一下。」兒子很焦急，似乎忙著處理事情。然後他又問我：「我如果說『My mother call to eat dinner, I must leave.』這樣的英文可以嗎？」

蛤？用英文？兒子何時學到英文？我站在旁邊看他到底在玩什麼？直到他把線上遊戲停止。於是吃晚飯時，我問他這是怎麼一回事？

小福說他在線上遊戲「Minecraft」裡跑了好遠好遠，最後跑到一個非常好的地理環境，是個有海、有河、有山的好地方，他說自己蓋房子的能力不是太好，應該找人來幫他建造一個新世界，所以就組織一個團隊，廣邀世界各地好手加入。當他打出宣傳邀請之後，真的有厲害的角色加入他的團隊，他覺得好感謝，所以不能把這些隊員扔下不管，至少要跟人家交代，他是先去吃飯。

電玩細節我不懂，什麼伺服器、什麼跑很遠、什麼蓋房子、什麼宣傳組團隊？不過就是個遊戲不是嗎？我聽得一頭霧水，但在霧水之前，我在意的是：「你—怎—麼—用—英—文—溝—通？」

兒子是如何將不說中文的外國人聚集在一起？那不是很厲害的一件事嗎？媽媽都沒這個膽子，你是怎麼辦到的？我沒有先罵他玩線上遊戲，我想了解的是一個八、九歲的小孩如何在我完全不清楚的領域中與老外溝通？

「我就想說先組個團隊嘛，我上去登記說要組團。組團必須先有個隊名，我用自己的名字當作隊名『NEOTEAM』，其中要填一格Slogan（標語），我想自己能力不夠好，所以我寫：『We' re maybe not the best, but if you join, we can be the best.』（我們或許不是最厲害，但若有你加入，我們就會變成最厲害。）把這些寫一寫，送出去。竟然有人加入我，他們都好厲害，貢獻很多技能，我這個世界做得非常棒。」

原本要念一下兒子不該玩線上遊戲，也要問他英文的事，聽到這個之後我就岔題了，我想到別的事情，我跟小福說：「ㄟ，你這樣很有領導能力耶，以前我以為你只愛玩，學校要你去當什麼長、做什麼代表你都不要，沒想到你有領導力呢！」

兒子馬上回我說：「我蓋房子的能力很差啊，才沒有領導能力，都是靠別人蓋得好，我的世界才會好，我是裡面最差的。怎麼會有領導力？」小福對我的說法完全不認同。

管他，不管我是誤解還是怎樣，趁這機會順便建立一下兒子從小就欠缺的自信。他從幼稚園開始就怕當頭，膽小謹慎、不敢衝第一個，也不喜歡被學校、被大人選出來做代表，真的被選出來之後又非常害羞……可以說真的看不出有什麼可以當頭的特質。

我說：「領導力不是這樣的，領導力就是可以把很多人的能力集合在一起，自己或許是最差的也沒關係，但是懂得將能力最好的人推出去做事，也讓別人為你做事做得很開心，這就是領導力。」

No.

DATE

Last summer vacation, I was in France with my father, one of my friend (was going) with me, his name is Lele. My mother brought us to France, we had 3 weeks in France. My father took us to many places, one (is) Pyudufou and the other one (is) Futuroscope. These two places made us happy. Because Pyudufou is a castle in the past, and Futuroscope is in the future. My father planed a nice vacation for us.

went / was / was / with an old theme / has a theme in

Last summer vacation, I was in France with my father, one of my friend went with me, his name is Allen. My mother brought us to France, we had 3 weeks in France. My father took us to many places, one was Pyu du fou and the other one was Futuroscope. These two places made us happy, because Pyu du fou a castle with an old theme, and Futuroscope has a theme in the future. My father planed a nice vacation for us.

小福的英文作文，上面是原始的文章，改正後重抄在下面。

當初小福才四年級上學期，心智上根本沒有「領導」、「代表」、「能力」這種觀念，我的一番話也不知道他到底有沒有聽進去，心裡可能只覺得媽媽竟支持他組隊建造世界，他可以安心玩了。

這個事件是我第一次發現小福在遊戲中使用英語。後來才想起那一年之前在法國，他會從網路上抄一段字拿來問我：「媽媽，這是什麼文？」我看不懂的就會叫爸爸過來看。「這是德文。」爸爸說完之後，兒子也不問這是德文的什麼意思，就自己上 Google Translate 線上翻譯網站去查。以母親雷達的敏銳度來說，當然不可能就這樣罷休，我跟著去觀察他在做什麼？原來有德國人在遊戲中跟他對話，他上網去找翻譯，然後也藉著網路翻譯，告訴對方他不懂德文、很抱歉之類。

三年級他回到法國一年，學期剛開始他沒有任何朋友，法文也不溜，放學回家大部分的時間都在網路上流連，我曾罵他不該時時抱著 iPad，但他跟我說他是跟班上某某同學約好要上網一起打 Clash of Clans，不能爽約。我也只好讓他跟同學以遊戲互動。不久之後，小福很快就跟班上五個男生變得很親近，下課一起打球，放學一起打電動，上學的人際關係變得很好。大概是這個時期，他進入線上遊戲的世界，不管用中文、法文或是其他語言，只要大家可以一起蓋房子、一起打仗，國籍和語言對他來講毫無界線，也許是這時期讓他打破語言界線的隔閡，對英語產生興趣。

「不是興趣，是必須的。因為網路上用英文寫的遊戲說明比較多，像 Mojang 的 Minecraft 創辦人 Notch 是瑞典人，但是他們介紹遊戲也都用英文。我就看啊，看看看就懂了，不懂就查，不然就不能玩了。」這些都是兒子上小四的時候跟我說的話，後來他又告訴我 Minecraft 賣給微軟了，他會注意這個遊戲以後是否會有什麼新的發展……

我必須很汗顏地說，自己阻止孩子上網從來就是無效的，為了網路而親子衝突、關係不良反而是更糟的作法。孩子不過在網路虛擬的世界中蓋房子，本質上和玩樂高是一樣的事情，為什麼樂高可以，Minecraft 就不可以？學校都有電腦課程，也安排不少科技資訊讓孩子學習，為什麼孩子不能為此狂熱？學校教國語，孩子大量閱讀會被讚美；學校教自然，孩子流連植物昆蟲生態會被欣賞，但是為什麼就是電腦這個科目又要他們學、又要他們盡量不要接觸太多？好矛盾不是嗎？一定有些小孩的特質是處理網路資訊、是面對龐大訊息，所有的學問都要從實作和遊戲開始不是嗎？

因為我有這樣的小孩，他有許多綜合的特質，卻不是傳統中被讚美的特質，而這些綜合的特質容易匯聚的地方就是網路（軟體）和電腦（硬體）。做為這種小孩的媽媽，我不得不如此反思。為什麼孩子拿針線縫製衣服可以？那我兒子幫他手中的電玩角色下載模組繪製外衣不可以？為什麼學習修理腳踏車可以，小福因為電腦運作不順花很多時間修復檔案卻不可以？

我反問自己，為什麼大人一定要保守地在自己能夠了解的領域中，期許孩子長大？如果在我們的經驗之外，孩子跟我原本的期望不同，我要制止嗎？我應該在意的重點在哪裡？

有時候我找不到答案，於是我告訴自己：絕對不要低估孩子的生命力，他跟我們一樣有他存在的意識，有他生命的方向，這不是由我來決定。說來也是我的懶惰，最後結論是：我找不到答案，但孩子自己找得到就好。

因為這樣，我逐漸把「孩子上網玩電玩」看成一種能力的建立。母親該顧到的穿衣吃飯洗澡睡覺生活的規律等我都有顧到，該抱抱親親罵罵受傷擦藥這些，我也有做到就可以。我可能無法和別的家長一樣嚴格限制他的電玩時間，即使一百個家長中有九十九個都認為該有時間限制，但我的兒子畢竟不是那九十九個媽媽的孩子，我的孩子在電腦時間上的「浪費」就是他的獲得，不只是英文，還有知識、流行、思考方式……成為剩下那百分之一、也是我兒子獨一的媽媽——在這件事上，這個信念必須堅強。

後來他發現 YouTube 很好用，很多實況主將影片錄製上傳，他可以藉此學到更多知識和技能，語言在這裡就成為附加的學習。他看台灣的實況主，也看國外的實況主，似乎在各種語言中，異國語言並沒有造成學習上的隔閡。即使後來在 BBC 網站或是可汗學院自學，網頁全部都是英文，他在閱讀上也不覺得困難。

有一回我看到他使用電腦好一段時間，我走過去看。原來他在看一篇名為〈給新手的十個建議〉的文章，我瞄一眼說：「你在看別人的建議喔？」他說不是，那是他自己寫的，貼在巴哈姆特網站的討論區裡。那是在法國三年級的時候做的事情，我當時臉上一定是下巴掉下來的樣子！

仔細一看，寫得好有趣，把他過去在經驗上遇到的各種阻礙，風趣地分為十點建議，寫出來分享。我問他為什麼要寫這個？他說自己摸索的過程都是網路上有人願意分享經驗而學來的，自己學到很多事情，所以也應該把所學分享給別人。當時我心中樂觀地浮現了一種新世代的面貌——願意分享、不藏私，不故作武功高強，而是把困難的事情簡單而有趣地傳達給他人。這心態不是很慷慨嗎？

這一篇原本想談英語自學，但我兒子學習英語的歷程和電玩有很大的關係，這實在是非常「教育不正確」。但他的確是透過這樣的過程，把英語的聽力、單字、用法都確實地內化到頭腦裡。反而我現在不敢說自己英文比兒子好，我還常需要他來幫我看看我的英文句子是不是過於中文化，或是有沒有時態上的問題。

目前的自學，我讓兒子上BBC的英文學習網站，也建議他可以看看YouTuber「阿滴英文」的頻道。結果他說：「阿滴的影片我都看過了，有新的出來我就會看。」其實關於網路上的英語學習資源，兒子懂得比我多，看得也比我深入，這方面他已經超越我這個媽媽了。

至於電腦對健康的影響，我目前只能偶爾嘮叨他。作為媽媽，我當然也在意視力、骨骼和腦神經是不是被大量電玩傷害了，但每次都是提醒他自制力的重要性，要他從對網路的喜愛（或是依賴）中看見自己容易因此犯上什麼壞毛病，我相信早一點體會自己性格上的問題會比限制來得好。短時間內我兒子看來就是一個電玩小屁孩，但長遠來看，我希望自己那百分之一的信念，隨著孩子獨立自主的成長能產生正面的成果。

家務練習

雖然安排了小福上午做早餐的課程（美其名「生活科學」），但他一直都表現得很差，沒有把「做早餐」當成一件自己必須獨立處理的事情，似乎還認為是媽媽的事，他只是來幫忙而已。偶爾甚至連幫忙也幫不上，做早餐的時間到了，他還在睡覺。

在今天之前，我一直在這一科打「差」的評語。

孩子無法自動自發扛起一件事情，就是達不到標準。理想中，這個課程不只有做早餐的動作，也不是把早餐弄得花稍好吃變化多端，而是必須把早餐這件事從頭到尾完整地承擔起來。

我記得很清楚，小時候我媽跟我說過：會煮飯做菜的人不能只有把飯菜做出來，而是一邊做菜、一邊收拾，煮完一餐的同時，廚房也整理乾淨了。

在我後來的社會經驗中，一個人能前後完整地把事情關照好，頭尾都徹底執行，才是真正的能力。我讓兒子做早餐的用意，不是學會沖咖啡煮奶茶烤吐司或是煮稀飯，也許那些動作最容易拍照拿來自誇，但重要的是照片場景之外的前後處理，包括早餐任務的責任感。

身為一個在社會上工作這麼久的老媽，我設計的「做早餐」課程裡對孩子的要求是：

- 預備工作：早餐材料的儲備、檢查、補給。此部分的進階希望能達到預算控制。
- 認識工具：烤箱功能、夾子使用、隔熱墊和手套的使用、瓦斯爐火開關、煮水注意事項、奶油抹刀和果醬抹刀注意事項、手沖咖啡工具使用等。
- 認識食材：買什麼麵包？吐司？果醬？奶油？稀飯與白飯？茶與奶……
- 善後工作：流理台整理、食材保鮮方法、碗盤清洗與歸位。

藉由早餐的單純性來讓孩子練習把事情從頭到尾做好，我一直認為這是自學中機會最難得的部分。以前上學要趕早，有時候連早餐都無法好好地吃完，完全不可能讓孩子處理早餐事務。

我很想把家裡的工作一部分移交給兒子，是責任性的移交，不是幫忙洗碗或是幫忙收衣服這種片面的任務分配；不是以一個事項為要求，我希望達到負擔責任的程度。

因為早餐真的很單純，懂事早熟的孩子的確可以做得到。但我兒子還幼稚晚熟，沒意識到自己必須自主獨立，要他穿條褲子跟我出門，還是會哇哇叫問著：要穿哪一條褲子？

三個多月下來，小福的表現雖然還是很差，責任感還擔不起來，但逐漸感覺孩子有一點小小的轉變。剛開始時完全不知如何設定烤箱、如何塗抹麵包，遇到東西太燙時，

歹勢，
又起太晚……
來，抱抱
但是，你
這兩天有進步，
很好！
meiyi 5/16

不找抹布墊手只會叫媽媽來幫……對比現在，他會去看冰箱冷凍庫有沒有麵包、牛奶存糧，沒有的話自己會走路去買，不用我交代。吃完收拾桌面也已經變得主動，只是洗碗這件事，他就是不想做。

原本讓孩子自學一學期就是希望他能從生活中察覺自己，不必整天被學校團團圍住。（用察覺二字太成熟了，小福應該只是一再被我提醒。）在家自學時間上的彈性，能讓孩子對家事有更多接觸，也能持續地練習。從生活中學習是成長中很重要的一件事，但這一點我兒子進步得很慢，我得要花點時間等待。

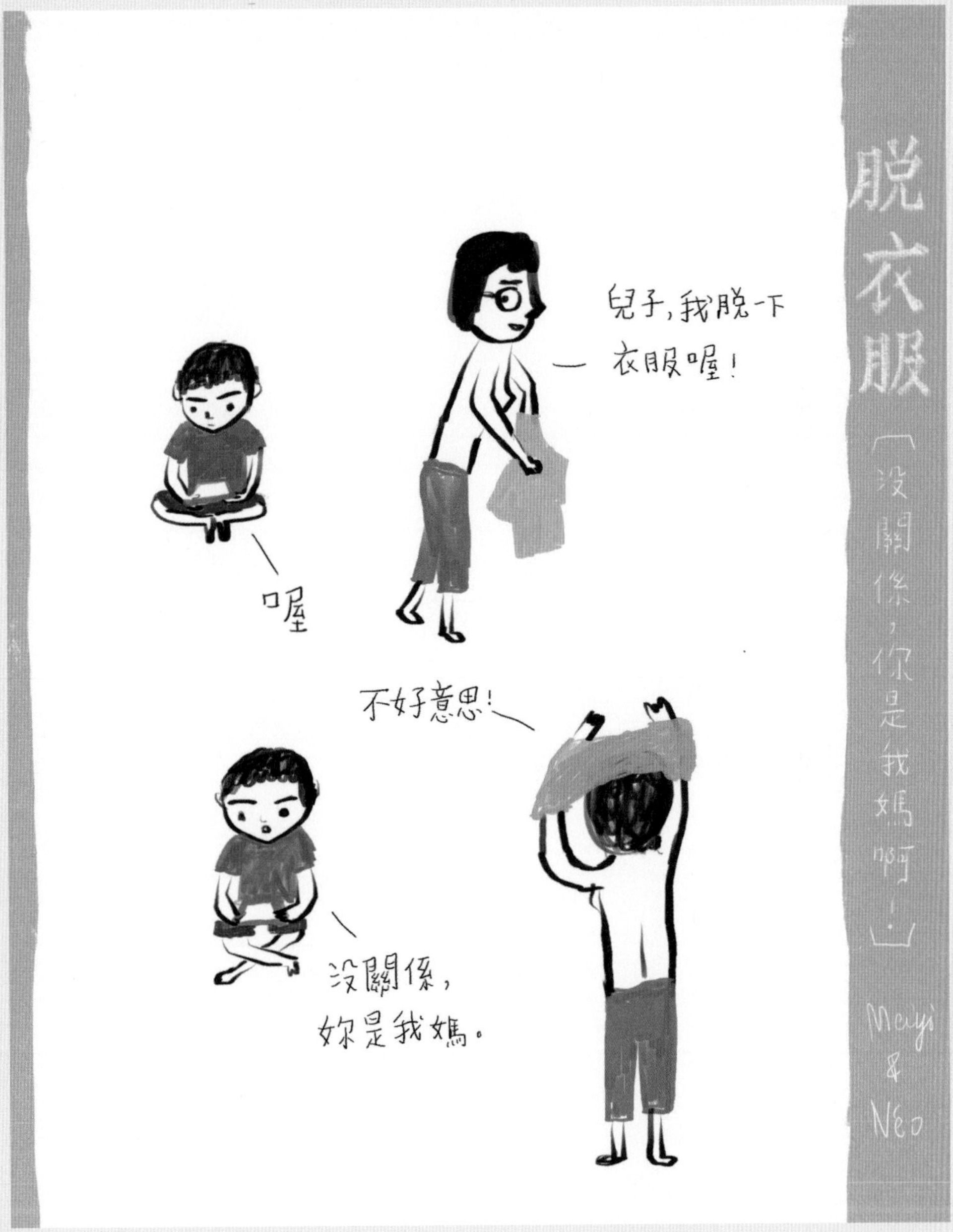
脫衣服
（沒關係，你是我媽啊！）
兒子，我脫一下衣服喔！
喔
不好意思！
沒關係，妳是我媽。
Meiyi & Neo

情緒海綿

這一篇與自學無關，和學校也無關。但我還是想把它記錄在這裡，做為我自己的提醒。

週五下午六點，兒子結束了去文藻外語大學旁聽的法文課，我在真理大樓下等他，然後一起開車回台南。每次到高雄上課，我都得小心地計算時間。法文課程從四點到六點，剛好是下班的交通高峰期，一定得在四點前抵達文藻；而下課後最好晚一點再上路回台南，不然一定遇上大量車潮。

要晚一點走，那就是留在高雄吃晚飯。我們每次都去百貨公司小吃街吃東西。我讓兒子先去排隊買吃的，我則到處尋找可以容下兩人的桌面。但今晚小吃街一直找不到座位，兒子已經點了一碗牛肉飯，就這樣端著到處走。

事實上並不是沒有座位，有些桌子可以容納六人，但是人們左右占據，屁股坐一個、帽子占一個，包包往旁邊一放、再占一點空間，所以六人的位子四個人就占滿了。同樣地，四人的座位也只坐兩人，空位放滿了包包和滿桌的東西。

我有點氣，我跟兒子已轉了一陣子，沒人主動把東西移開。後來我發現有排單人座中間剩一個位子，我大聲叫兒子過去坐。

「你過去那邊，那裡有個位子！」

「嗯，只有一個，我不要。」

兒子覺得擠進人群很彆扭，而且只有一個位子，那媽媽坐哪裡？

「你先坐！先坐下來再說！」我的語氣有點不耐煩。

小福不進去，眼神還在四處搜尋。

我變得有點兇，語氣很壞：「你就進去，一個位子就一個人先吃！」

小福並沒有對我強硬的語氣做反應，我見他眼神四處游移，端著盤子還是一動也不動。我對孩子生氣，事實上我知道並不是因為他沒聽我的話，我這怒氣是針對那些占位子不動的人，我想講給他們聽——看，你們多自私，你們讓一個孩子端著盤子被媽媽罵！

我的孩子沒有乖乖照我憤怒的話語去做，但口裡又非常溫和地對我說：「媽媽，我們再找找。」我立即知道我把自己對環境的憤怒往他身上丟。兩個人端著盤子到處走動時，我心裡想：其實不是大人在忍受小孩，很多時候是小孩承擔大人的情緒。大人對小孩失去耐性時，不一定是孩子本身犯錯，大多是因為我們收到各種壓力、各種不順利的狀況而讓大人將矛頭反轉，小事也成了孩子的錯。

我必須感謝自己的孩子沒有乖乖聽話，如果他乖的話，不就莫名其妙地接受了母親的憤怒去夾在陌生人當中一個人吃飯？我也必須感恩，兒子有很好的個性，他在我們中間放了一塊像是海綿一樣的情緒擋牆，以不反應來削弱我的怒氣。

「兒子的個性真的很好，我不可欺負他。」我心裡這樣告訴自己。後來果然在另外一區發現了好多座位，以前不知道那裡有位子，是因為小福說「我們再找找」，所以我們可以面對面坐下來邊吃邊聊天。

回程的路上，快到台南時，我要兒子幫我找一張發票，確認從百貨公司出發的時間，這是為了計算出何時離開高雄最不塞車。

「你幫我找停車場那張發票，我放在袋子最前面那個袋子的小袋子裡面。」

兒子有聽沒聽的。我再重複一遍，幫我拿發票，我放在袋子最前面那個袋子的小袋子裡面。我總共重複了三遍，小福才開始動作。他在袋子裡亂抓，我說：「在前面的袋子裡，裡面有個小袋子有發票。」他完全不管我說「前面的袋子」，只是亂抓！

我一邊開車一邊瞄他，說：「那不是前面，你有沒有在聽我的話？」我沒有生氣，只是有點正經。這時換小福叛逆了，語氣非常壞：「你又沒說在哪裡！」

我：「你每次都這樣，我明明說了很多遍的事情，你就硬拗說我沒說。」

小福很挑釁：「你哪有說！你沒說，我哪會知道。」然後把袋子一丟，不找了。

親子之間就是這樣，一下子這個人生氣，一下子那個人生氣！一下子以為孩子很好，一下子又覺得心灰意冷。但我之前已告訴自己，兒子的個性很好，我應該對他更有耐性。接著我再溫和地重複一遍：「我剛剛說，發票在袋子最前面那個袋子的小袋子裡面。」

小福不耐煩地說：「前面前面……袋子就袋子，哪裡是前面？又沒有臉！」

然後我們一路不講話，直到車子下了快速道路，駛到沒有什麼車、一路很好開的永成路上。我把手放在小福的手上，說：「對不起，剛剛在百貨公司吃飯的時候，我亂生氣，叫你去坐一個人的位子。」我把吃飯時候所發的怒氣的原由跟兒子說了，我生氣的是那些自私占位的人，我沒辦法說別人，只好罵他，我很抱歉。但我也告訴他我發現了他的優點，那個情緒海綿很棒，他的反應很好。

在我說這一段話時，兒子另外一隻手就回搭在我的手上。接著，我說：「還有，我發現我們還沒有建立找東西的默契。比如我說東西在電腦桌下面的右邊，你可能會疑惑是電腦本身的右邊？還是你自己的右邊？我說袋子的前面，但你不知道袋子哪一面是前面。我們是因為還沒有建立找東西的默契，所以一時找不到。你不能因此生氣地對我說，媽媽沒有告訴你。」

我知道小福非常可以被「對不起」這三個字融化。也知道他可以說理，有道理就可以說得動他。我得在他青春期、叛逆期之前把我跟他的各種狀況演練好。但萬一以後有人生氣的時候，還要記得中間要有情緒海綿，不要立即去反彈對方的怒氣，應該要吸收下來，解決問題為先，之後再陸續整理。這些話說完之後，車子內頓時充滿和諧，我知道我有好好地處理跟兒子之間的不順利。

因此趕緊先記下來。或許有點瑣碎，但今天的感覺要記住。

態度問題

上週三上午，小福照例去修車廠見習。我先開車送兒子往修車廠，然後再趕去接我爸媽，送他們去火車站搭車北上。

週三上午我的工作就是家庭司機，把家裡每個人送到他要去的地方。返程順道到主婦聯盟買菜，再把菜載回家，該整理的整理，該洗的洗一洗……孩子不在家，還是有許多事要忙，忙完之後又該去接兒子。

到了修車廠，這一天待修的車子很多，人人看起來都很忙。遇上這種時候，我要兒子自己找事做，在不麻煩別人的狀況下，用眼睛觀察也好，畫汽車零件圖也好，就是不要給老闆添麻煩。在我抵達的時候，我看他一個人在會客廳玩著iPad，桌子一旁擺著一張機械零件圖。

我說：「今天老闆很忙喔，那你都在做什麼？」

兒子抬起頭來看著我，手指一指桌上的那張圖，說：「畫圖啊，我剛剛才畫完。所以我就玩iPad。」

雖然我允許孩子玩iPad，但是孩子還是會怕我懷疑他是不是「一直都在玩」，他這句話意思是：「該做的我都做完了，才玩一下而已，不要質疑我」。

我看了一眼桌上的圖，問：「你畫的是什麼？」我看到一個汽車引擎蓋掀開的畫面，裡面一塊黑黑的東西（左頁圖）。

「就那個啊……」小福眼睛往會客室的玻璃窗外瞟了一眼，示意我外面那輛老車。

「喔，你畫的是這輛車的引擎嗎？」我問。

「不然咧？」兒子不耐煩地回答我。

（我內心OS：吼，你媽也是忙了一堆事情之後趕過來的，我不是在家裡閒好不好，語氣這樣是什麼意思！）

我又問：「你只有畫引擎，那引擎的旁邊的那些零件啊管線啊，都沒畫喔？」這只是一個問話，我並沒有嫌棄他的圖畫得不好或是不精緻。

此時小福的態度變得比剛剛更差，臭臉對我，說：「啊我就不會畫啊，我畫得很爛啦！那個很難畫，啊不然你來畫。」

我知道很難畫，但我只是要兒子說說為什麼零件管線都沒畫，是因為這種類型的圖他沒有興趣？或是覺得眼花繚亂的管線不知如何下手？還是僅僅就是表面式地完成一項工作來向我或老闆交差？

我期待他說出原因，不管是哪一種，好好地說出來就可以討論。但孩子用情緒式的口氣回答我。（我有哪裡問得不妥當嗎？您是那根筋不對勁嗎？媽媽真難當耶～）

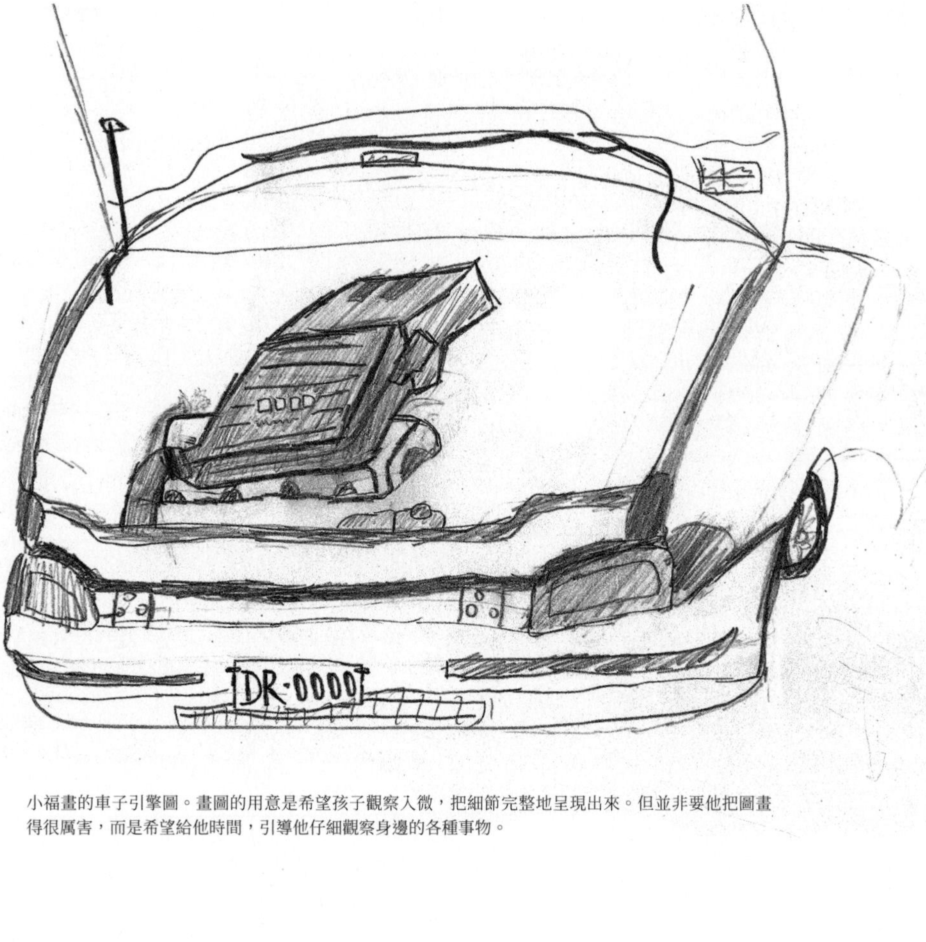

小福畫的車子引擎圖。畫圖的用意是希望孩子觀察入微，把細節完整地呈現出來。但並非要他把圖畫得很厲害，而是希望給他時間，引導他仔細觀察身邊的各種事物。

於是我再回他：「這種圖本來就很難畫，但媽媽只是要問你為什麼只畫一個引擎而沒有其他東西。你可以針對問題回答我嗎？不要用這種『啊不然』怎樣來跟我說話。」

我還趕快補上同理心，說：「好啦，沒關係，這種東西媽媽也畫不出來，你不要在意自己畫得好不好，畫圖不是重點，重點是你有機會觀察車子的細節。那麼……這是什麼車子的引擎？」

兒子說：「車子就在旁邊，你是不會自己看喔？」說完繼續埋頭玩他的 iPad。

（又來了！我眼睛睜得老大，你這個不識相的猴囝仔！）

我當然知道自己去看就知道是哪一個廠牌的老車，但我想看看孩子對事物觀察的程度，畫了兩三次這台老車，總不能連它叫什麼名字都不知道！「你是不會自己去看喔？」這句話真的激怒到我。這種情況，通常大人一定會以經典訓兒金句反打回去：「你這是什麼態度！」

但我不，我已經決定不再使用這一句話。因為它無效，用了是反效果。小孩對你情緒化，你不該也情緒化地用一句話打死一切。每次遇到很想飆出「你這是什麼態度」時，我告訴自己，一定有千百種說話的方式，就是不能用這一句（可參考第一八五頁）。

我好意跟他說：「我沒有生氣，我只是問你引擎旁邊是什麼？你只要告訴我你不知道，或是告訴我老闆跟技術員哥哥都在忙，你不好意思問，這就好了。我完全沒有說你畫得不好的意思。」

兒子一時下不了台，當然不會有好臉色，但我心裡想著，他快要進入青春期，這種情況很容易發生，我一定要趁他還願意聽我話的時候，趕快把這種小型衝突處理好。

「你可以跟我說，你沒有注意車子是什麼廠牌，也不知道要怎麼看型號，所以不知如何回答我的問題。我可能就會回答你說，有的人會去注意車子的廠牌型號，但你對這種東西不敏感。每個人都有自己敏銳的部分，我當然能理解。無法回答媽媽的問題，也不是什麼大不了的事，不要用不好的語氣說話。」

「或許你不是那種會辨別車子廠牌的人，然後我可能就會跟你討論，也許你不是一個太重視物質的人，你不會太重視物欲，你不追逐名牌，這樣我會更了解你，甚至讚美你。像你們班上有一些同學不是很愛在路上指出這是BMW什麼什麼型的跑車、Ferrari什麼什麼型跑車，或是幾個圈圈的標誌是AUDI？他們對車子很敏感、很會辨別，有時候還會說，這個幾百萬、那個幾百萬之類的？每個人對事情的敏感度是不一樣的。如果你不是這一種，我心裡會覺得這很好啊，因為你不是那麼重視物質、金錢的人啊！」

我講道理的時候很囉唆，對小孩的教養，並不是事事都要這麼囉唆，但是我覺得這個時候應該要。我想讓他知道用情緒答話會使得一件好好的事情變壞，我原本是可以讚美他的，如果他好好回答我的話，事情會比較好。

小福是一個喜歡穿舊衣服、舊球鞋的男孩，人家常說小孩在學校會去比誰穿的球鞋比較厲害，誰的衣服比較好看，這種事情在我家的親子生活中從未發生過，他對這些物質的事物非常不在意，他只喜歡我那台破舊的老笨頭車，我們叫它笨頭（PUNTO），但至於是什麼牌子，兒子並不知道。所以我一直覺得我養到一個對物質較無欲望的孩子，不管是名牌運動鞋還是名牌跑車。

我說：「我問你這些，只是想看你在修車廠觀察到什麼程度？或許我的問題不好，那你也不用生氣。只要告訴我：『媽媽你的問題並不好，讓人難以回答。』你能質疑我的問題，我會覺得很棒，但是以不耐煩的情緒回答我，就會讓人覺得不好。」

但兒子表情仍然是叛逆不爽的樣子。

上車回家的路上，我們完全沒有對話，我也不打破這種氣氛。有時候就是需要一點僵持才能加強事件的強度，不說話的安靜也能幫助反省。在車上的小福一直望向車外，他應該在想自己這樣的反應的確不好，所以在車上乖乖地沒有再把 iPad 拿出來玩。

路邊停車的時候，兒子馬上下車主動幫我指揮後退前進（對於車子如何擠進小空間，他倒是很厲害），這時他的態度又變好了。每次主動幫我做事時，就是他覺得剛剛對媽媽太兇，一定要彌補我一些什麼。接下來的一整天，都變成好溝通的好孩子模樣……

孩子一時壞不是永遠的壞，一時好也不是永遠的好，今後還是不斷會有態度的問題要對付，尤其小福現在快要十二歲了，青少年的態度將如何轉變，這會是我們母子之間最大的考驗。

條列式教養的閒聊

前一陣子網路上很多人分享前歌手陳美齡的影片「父母不要做的十件事」，我看了覺得很有道理，也分享轉貼在臉書上。但，隔了一天想了想，覺得不能如此一面倒地說好，那畢竟是人家的個案。教養都是個案，我們只能參考而不能拿來當聖旨。

陳美齡娓娓道來的這十件事仍舊是非常好的提醒，只不過教養的環境基礎不同。陳美齡是比較偏日本氣質的媽媽，日本社會對媽媽的要求和台灣社會不太一樣。我雖不曾在日本實地生活過，但從兩地交流的資訊（我是指電視劇、旅遊這類的台日兩地交流，呵！）得知日本社會似乎以全職媽媽居多，媽媽大多留在家裡照顧小孩。

這對於需要上班、需要雙薪的台灣父母來說，無疑是個巨大的差異。況且陳美齡的家庭背景和社經地位也和我們一般人有滿大的差別，想向美齡小姐學習，絕對是高難度目標。

那麼溫柔的母親形象，要怎麼追得上？對台灣媽媽來說，有可能變成另一種壓力。不過陳美齡真誠溫柔的說話模樣，的確打破了我之前曾開過的玩笑——只有生女孩的媽媽才可能溫柔，生男孩的媽媽只有發怒和疲憊。

孩子長大了，育兒的苦難隨之過眼雲煙，美齡小姐的孩子都上大學了，在這十點裡面，她可以過濾細節留下大綱，但仍在戰鬥線上的父母每日被細節所綑綁，要如此大綱性地思考，實在不容易。孩子吃飯的姿勢、關門的聲音、脫襪子的方式，每個細節都忍不住要喊上兩聲，這些生活上的小事已經把我們搞累了，要跳上大綱來檢視自己，會覺得做不到。

我兒子快十二歲了，比起六歲，我的確輕鬆不少。而美齡小姐孩子都上大學了，辛苦的事情大多遺忘，只留下甜美。她所說的十件不要做的事情，可以拿來參考，我自認都有做到，雖不是百分之百，但都在同樣的方向上。希望小犬小福成年之後，我也能留下如此美好的心得，但目前還是得努力面對孩子對我人生的騷擾和試煉。

以下是我針對這十件事的一些想法，歡迎讀者請泡杯咖啡，一起閒聊。

1 不要和別人家的孩子比較

這一點是做父母的人該努力做到的，但這實在非常違逆人性！雖然我很早之前就相當克制自己，但心裡仍不免嘀咕：奇怪了，別人家小孩隨便都那麼乖，我家的怎麼這麼白目啊！到底我這樣教是對還是錯啊？我盡量克制不把自己的孩子和別人家的做比較，而且絕對不能在孩子面前說出來，說了只會激怒孩子，毫無幫助。

兒子，你成材一點，以後我才可以說自己教得好！
喔！可是我不想被你們大人拿來評比耶！

2 不要用物質獎勵孩子

這部分我家可以輕易做到，因為我兒子很少期待物質的禮物。我兩年前就說要買一支手機給他，他到現在還是拒絕。幫他買衣服穿得好看也不要，幫他買遊戲點數，他回我說現在不需要，以後有需要他自己用壓歲錢買。我以前曾經用貼貼紙、畫星星來鼓勵他，這是比較古典的教養法，用集點換東西作為鼓勵，但我發現這方法對我兒子無效，因為他沒有很「哈」的東西，所以也不會想要集什麼，集到點也無關痛癢。我很高興物質獎勵在我家無效，使我少花很多錢。

3 不要制訂每天的時刻表

當陳美齡說「做功課也是玩，玩也是學習」的時候，我深深了解這句話的意思。教小孩不能硬教，一定是在遊玩中適當地加入引導，這樣玩那樣玩的時候，孩子就學到了很多該有的觀念和知識。安排小孩刻意學習或是特別去上課，就呆板掉了。不過這部分大概只到國小階段，年紀再長一些，孩子的心智再成長一點，時刻表不見得就是呆板。

4 不要給孩子報名課外班

這我絕對有做到。但我有做到也不代表什麼，那是因為我的工作能夠讓我準時去接孩子回家，家長的工作型態是孩子有沒有課外班主要的因素。而我應該是那個最慘的吧，我既是全職母親也是全職工作，要賺錢還要帶小孩，焦慮和疲憊都躲不過。

說實話，我也很羨慕只要專心帶小孩的媽媽，不過我還是感謝上天給我能專心帶小孩的時間彈性，也給我需要專心的工作。兩種事情我都要做，這是我的個性必須接受的命運。我認為帶小孩是一件非常值得的事，孩子對父母的信任必須以「時間量」來換。我不相信每天十分鐘跟孩子「有質感的相處」這種論調。怎麼可能只有「十分鐘」？有質感的相處絕對有量的必要性。當然我的意思不是二十四小時都要陪著孩子，但一天至少好好地跟小孩攪和二小時是必要的。

換個方式說，與孩子相處不該計算「至少要多少時間」，應該是有彈性的盡力。今天沒做到，明天做到；明天沒做到，後天想辦法。希望跟孩子黏在一起的念頭，孩子才可以感受到那份被關照的心。比如，不排定學習表，玩就是學，學就是玩。這種情況只有媽媽隨侍在側才能做得到。像昨天我兒子解數學題時，用了一個很詭異的解題方式，我讓他把自己的想法解釋清楚，但因為思考路徑太崎嶇，反而使一個簡單的題目變得有點難。我在想，我要讓他一直用這種他喜歡的慣性來思考嗎？還是要提醒他清楚簡單的路徑？

我的數學並不厲害，小六數學已經有複雜度，我自己也得花時間解題，解開之後還要知道如何判斷孩子的思考，把複雜的部分簡化，再向他解釋。計算過程中我也犯了一些小錯誤，被兒子糾正。你來我往，這花掉我們母子一個多小時的相處時間，不完全是苦差事，可以又開玩笑又相互爭執，細細解完一題就已經過了一小時。所以我不相信相處時間可以設定十分鐘或是半小時，不能這樣計算。如果我兒子參加課外數學班，我很懷疑老師能看出我兒子詭異的思考路徑？還是教他套上公式解決答案？

5不要替孩子做選擇

進一步探討，這一點有年紀的階梯，也有項目的差別。年紀小的孩子，你必須在大項目中幫他做選擇，細節可以開放讓孩子自主。比如吃什麼餐廳是父母決定，要吃什麼餐，可讓孩子自己選。

我常對不愛做家事的兒子說：「你要洗碗還是幫我吸地板？」而不是「你要不要幫我做家事？」在不同的階段，父母仍自覺或不自覺地設定了選擇的前提。

最近，對我兒子比較大的選擇是「上國中」還是「繼續自學」？他說他想要有同學，雖然自學很快樂，但是為了同學他要去上國中。我說，那你要有心理準備，你要早起，而且被逼功課的時候不要來跟我抱怨。我讓他選，他畢竟選了一個我可以讓他選的項目，這是在我寬容度能接受的範圍內。萬一孩子不在你的寬容度中，家長實在很難放開。

6不要反對高中談戀愛

教養守則通常令人點頭贊同卻難以實踐的關鍵就是在這種地方——我家孩子的個案不在守則描述的範圍內。「不要反對高中談戀愛」，那，國中呢？國中生可以談戀愛嗎？

我不會太反對孩子在十七歲時談戀愛，因為我們自己也是在那個年紀開始了愛情的初探。不要反對高中生談戀愛的確是人格培養的好機會，如美齡小姐說的責任感之類的，這種責任感不是晚餐後幫媽媽倒垃圾不然就會被念的責任感，而是真正的想討人歡心，想得到對方信任而認真去做的責任感。

可是我的問題是：國中生可以嗎？教養守則只是一個方向，但如何航行、繞過礁石、渡過冰河、經歷大風雨？通常還是得靠自己現場判斷。

7 不要打罵孩子

我兒子並非從來沒有被我打過，所以我知道被孩子激怒之後的打是怎麼一回事。先說結論，打小孩真的不好，長遠來看沒有用，只有壞處，還是不要打孩子比較好。但罵小孩我覺得不是太嚴重的事，但每次罵孩子要讓孩子有機會反駁，就能得到平衡。家長不可以叫孩子「惦惦」（閉嘴），要同時讓孩子有相同權利，可以很衝地表達意見。

有時候我兒子反駁我時態度不佳，可是當我聽到他一針見血指出我的矛盾時，好幾次都讓我笑了出來！「哈哈，我有這樣喔，呵呵，你講得很有道理，我會改進。」母親氣勢頓時居於下風！

其實我常在兒子面前說出這樣的話，親子間的衝突不一定要兒子認輸認錯才罷休，如果他比我有道理，那我就輸了，輸了就輸了，有一方改善即可。後來我逐漸發現我兒子也學習了媽媽在衝突中的反應——充分的表達和足夠的理性（自己沒道理就道歉）。這個成果到五、六年級逐漸開出花朵。這是我個人的經驗。

8 不要對孩子撒謊

對誰都不適合撒謊，尤其對自己的小孩。如果跟孩子說：「媽媽出去一下喔！」從此離開小孩、離家出走就再也沒回來了，這種謊對小孩傷害一定很深。可是如果是：「西瓜子吃到肚子裡會長出西瓜喔！」或是「小孩子打嗝一次就長高一咪咪。」這一類的謊言，事實上完全沒有不好的影響，是一種生活趣味。

不可撒謊也代表對孩子要守信用，我自己的爸媽在乎信用，從小告誡我們做人要有信用。所以我答應孩子的事，都一定做到，但孩子卻經常忘記我曾答應他的事，這讓我有點傷心。比如孩子有足球比賽，前一天說好一定帶仙草冰到現場給他喝，當日在家製作仙草冰拚命趕到現場，結果兒子根本不在意，跟同學開開心心喝舒跑，拿仙草給他喝，他說不用了！

不可撒謊也代表著誠實，我心中有任何特殊想法都會誠實告訴兒子。比如，「兒子～～謝謝你，你知道我罵你的時候雖然是生氣，但罵你讓我自己的情緒大量流動，想來是滿好的。有人想哭哭不出來，想罵沒人可罵，我比他們幸運，我有你可以白白被我罵！而且你都不會討厭我。」我喜歡把對孩子的感謝誠實地告訴他。

但有些事情要稍微忍耐掩飾，比如跟爸媽（或婆婆、小姑……等親戚長輩）的衝突和不滿，不要向孩子打小報告。這不是誠實，這只是媽媽在拉小圈圈，會製造孩子生活上的困擾，讓他對相處關係不知所措，除非孩子心智成熟到可以接受父母長輩們的缺點。

兒啊！讓我們
乘風破浪～
我只是要
釣一條魚
而已！

9 不要因為工作忽略孩子

先不講孩子，講大人。我常想，一個人能賺的錢應該是命定的吧！不是靠努力、不是靠聰明，不然我這麼手腳敏捷腦筋精明的人怎會淪落到連基礎的22 K都賺不到呢？（在此再度感謝贊助我寫作平台專案以及購買書籍的讀者。）我對於金錢非常消極，因為經驗告訴我，積極並沒有使我賺更多錢，時代的因素、人生的際遇大大地影響一切。

回到孩子身上，那是我最能給予的、孩子生存在這世界上所能獲得的、最不以現實計算的對待（這句讀來有點辛苦）。為了工作忽略孩子，也不能使我們賺更多，或許暫時可以賺一些，但人生的品質並未提高，又為何而賺？

事實上，當截稿、結案日逼近時，我面對小孩也非常沒耐性。但這是暫時的一、兩天，最多一、兩週，常態上我不想讓工作奪去我大部分的時間，這必須靠調整與捨棄。若因工作忽略小孩，其實你也因工作忽略了自己。這一點只是想提醒父母——不要忽略自己。

10 孩子發問時，永遠不要說等一等

我比較怕孩子都不向我發問，而且孩子越大，越擔心他不問，每天都很期待孩子問我問題。像「天空為什麼是藍的」可說是小科學家兒童才問得出來的題目，多期待！過去我還期待兒子至少問我「媽媽什麼時候吃飯？」那會讓我煮飯時充滿愛的能量。孩子願意發問真的很好，要好好把握每一次答題的機會。

自學視察的這一天

一早我們按照時間起床操課，小福這一天特別識相，他知道有人要來家裡看看他自學的狀況，所以不像平常那樣吊兒郎當。

孩子有自己的榮譽感，雖然年紀小，但還是有對外表現時想展現的自尊，該做什麼事情的時候，心裡那根警覺線仍有作用。每次感覺到這一點，我就對孩子的未來多一點放心。再度提醒自己，每個生命都是自主的，越是長大，我只要輔助他不必主導他。

吃早餐的時候，小福的 iPad 響起鬧鈴音樂。原來自己設定了九點十分要專心準備學習紀錄的檔案給視察人員看，過去有一些日子因懶得記錄沒有補齊，他打算今天上午補上學習進度。

一邊補寫的時候，他整理了學校的課本。因為時間還夠長，突然說要把社會的習作寫一寫。

但我說：「你要寫的話，會很花時間喔，社會科的答案都需要討論。」

小福：「沒關係啦，寫多少算多少。」

孩子也有「想呈現比較豐富的成果」的面子問題，他覺得自己如果可以排列出社會習作，那自學成果看起來可能更完美一點

（我原先並無設定社會課程）。但果然寫不到三題就開始喃喃自語：「要怎麼寫才可以簡單一點？我不想寫太多字耶……」

我走近一看，習作上答題的範圍很大，但格子卻很小。小福在寫字的時候又經常不願意寫太久，斤斤計較要少寫兩個字還是三個字，心中雖激盪著很多想法，但一想到要寫很多字，馬上把想法收回去，只求填完格子就好。其實像這樣的孩子非常多，他們遇到這種可以大量發表意見的練習，反而會把自己的想法弱智化，求填滿即可，趕快寫完。

「那就不要寫了，我們用討論的。」我說。

我不喜歡為了配合「格子」寫答案。如果沒能處理問題，填格子這件事並沒有存在的必要。要不就打破格子，要不就不理格子。

社會上有很多格子，比如講愛心，就要辦演唱會、要捐款、要印海報，要……又比如說推廣環保，就要辦活動，要有吉祥物、有票選……我遇到太多這種最後不知道是在填格子還是面對問題的工作，我也做過這種工作——填滿了這些格子，你的長官、高層主事者才能風光地將成果表現給人。

我內心常不自覺地反抗這種配合格子而忽視問題中心的事情，但自己卻經常身陷其中。填完格子就能拿到經費，就像小孩的考卷，填好格子就能拿到分數。

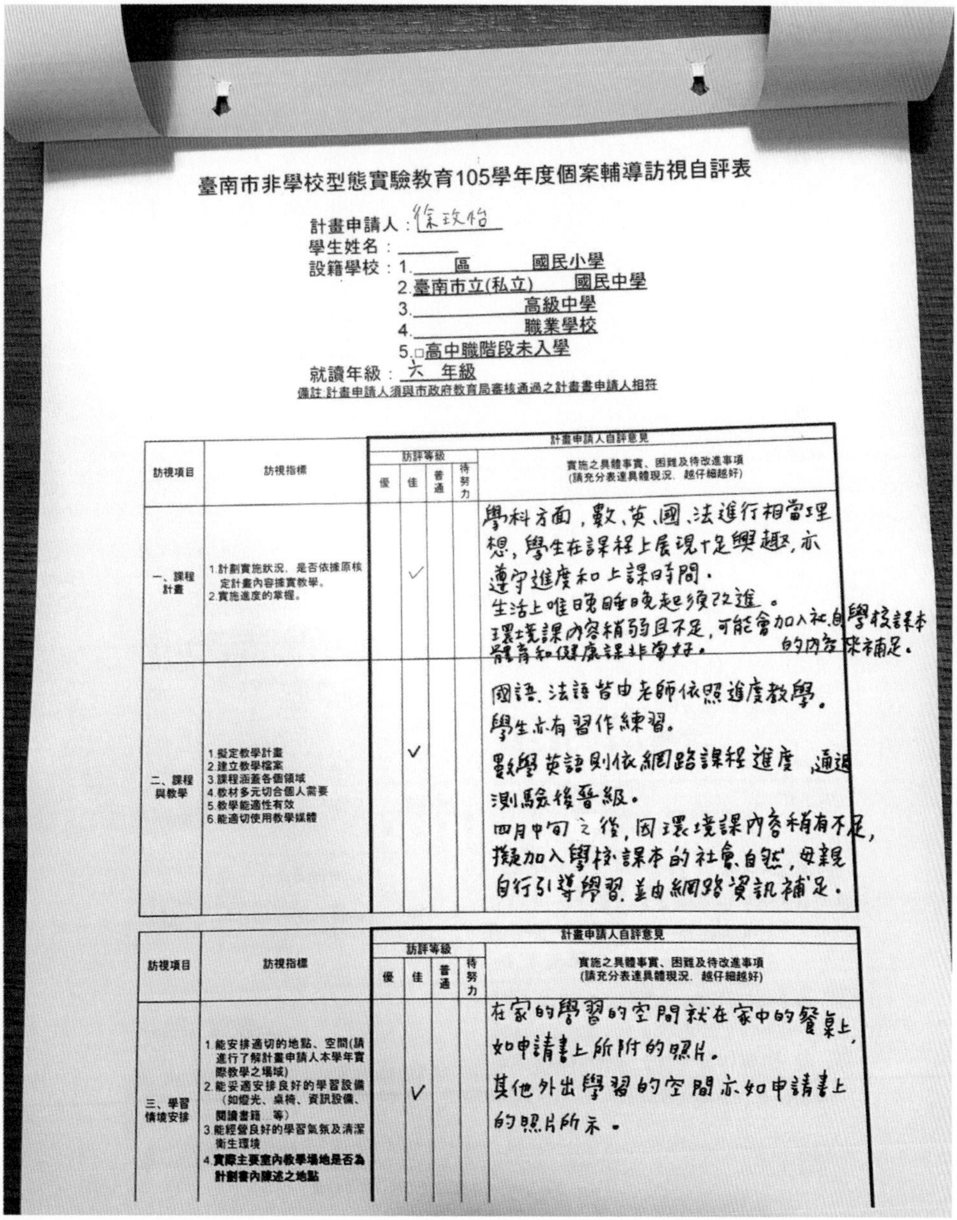

臺南市非學校型態實驗教育105學年度個案輔導訪視自評表

計畫申請人：徐玫怡
學生姓名：＿＿＿＿
設籍學校：1.＿＿＿區＿＿＿國民小學
2.臺南市立(私立)＿＿＿國民中學
3.＿＿＿＿＿高級中學
4.＿＿＿＿＿職業學校
5.□高中職階段未入學
就讀年級：六 年級
備註:計畫申請人須與市政府教育局審核通過之計畫書申請人相符

訪視項目	訪視指標	計畫申請人自評意見				
		訪評等級				實施之具體事實、困難及待改進事項(請充分表達具體現況、越仔細越好)
		優	佳	普通	待努力	
一、課程計畫	1.計劃實施狀況、是否依據原核定計畫內容據實教學。 2.實施進度的掌握。		✓			學科方面，數、英、國、法進行相當理想，學生在課程上展現十足興趣，亦遵守進度和上課時間。 生活上唯晚睡晚起須改進。 環境課內容稍弱且不足，可能會加入社、自學校課本的內容來補足。 體育和健康課非常好。
二、課程與教學	1.擬定教學計畫 2.建立教學檔案 3.課程涵蓋各個領域 4.教材多元切合個人需要 5.教學能適性有效 6.能適切使用教學媒體		✓			國語、法語皆由老師依照進度教學。 學生亦有習作練習。 數學英語則依網路課程進度，通過測驗後晉級。 四月中旬之後，因環境課內容稍有不足，擬加入學校課本的社會、自然，母親自行引導學習，並由網路資訊補足。

訪視項目	訪視指標	計畫申請人自評意見				
		訪評等級				實施之具體事實、困難及待改進事項(請充分表達具體現況、越仔細越好)
		優	佳	普通	待努力	
三、學習情境安排	1.能安排適切的地點、空間(請進行了解計畫申請人本學年實際教學之場域) 2.能妥適安排良好的學習設備(如燈光、桌椅、資訊設備、閱讀書籍…等) 3.能經營良好的學習氣氛及清潔衛生環境 4.**實際主要室內教學場地是否為計劃書內陳述之地點**		✓			在家的學習的空間就在家中的餐桌上，如申請書上所附的照片。 其他外出學習的空間亦如申請書上的照片所示。

輔導訪視前，我們必須填妥自評表。

趁著兒子寫社會習作，我們又討論了一些宗教上的問題（社會課的範圍）。我跟兒子說我們花時間討論你的問題，不要花時間在如何填上剛剛好適合格子的字數。

十點多，視察人員到了，我們並沒有特別準備（客人來，連茶也沒泡），就把平常上課的學習紀錄、書本筆記放在桌上。視察小組共三人，由教育局、學校、自學家庭三方組成。並不像我們以前認為的「督學」那種樣子（我是戒嚴時代的學生，「督學來了」，對當時的孩子來說是一件大事，要非常謹慎地表現）。不過他們不是「督學」，真的就是進來我家學習的場域做例行性的視察，互相小聊一下，給我們一些建議。

其中的一位視察員是自學家長，我們聊得多一點，他說自己兩個兒子從小學到國中、高中都是自學生，一樣可以念到大學。這位家長直接跟小福對話時，都沒說「要好好用功讀書喔」、「要自動自發上進」這類的話語，只跟我兒子說「要多吃多睡，一定要睡滿八小時、九小時」，要小福用運動來抽高，最後跟小福握手鼓勵才離開。（我真的很喜歡自學家長面對小孩時所展現的態度，為什麼我遇到的都那麼可愛！）

自學的世界裡比較沒有那麼多該填的格子，注重的是實際該面對的問題。當然，有格子需要填寫的時候，也不能不去填它，應該說是制度（體制）有需要時，若還沒有更好的制度來取代之前，只能以此作為團體控管的方式。

視察人員走了之後，我們很高興，自學的過程順利地通過了這一關。（根本不是什麼關，但是還是很高興！）

餐桌就是書桌

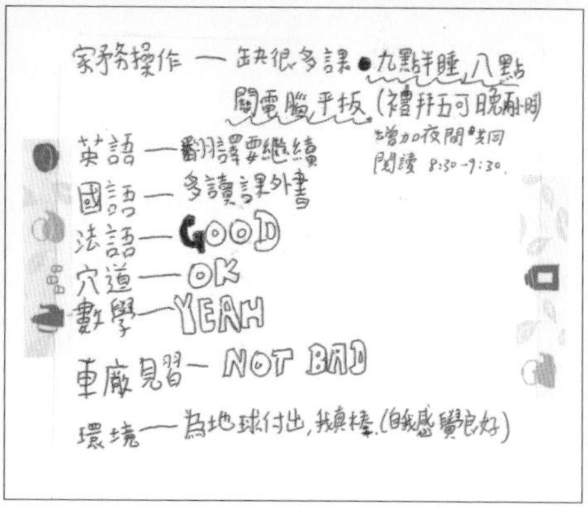
家務操作 — 缺很多課 ●九點半睡,八點
關電腦,平板 (禮拜五可晚兩小時)
增加夜間時間
閱讀 8:30-9:30.
英語 — 翻譯要繼續
國語 — 多讀課外書
法語 — GOOD
穴道 — OK
數學 — YEAH
車廠見習 — NOT BAD
環境 — 為地球付出,我真棒.(自我感覺良好)

（左下）桌上擺著平常上課的學習紀錄、書本、筆記供視察人員翻看，（右下）小福自己評量自己的各科表現。

口水
「沒關係，你是我媽啊！」
Meiyi & Neo
叩呵！你被蚊子叮了！
……
……快，用口水，等一下才不會太癢！
不好意思，我用我的口水塗你！應該是用你自己的口水才對！
你是我媽，沒關係。
母親的特權！

用什麼筆？

小福當初在台灣念了一、二年級之後，被爺奶召回法國讀三年級，也讓我有機會經歷法國的國小教育。

當初班上同學得知小福將回到法國念書，同學以及熟識的家長希望小福能感受到同學的祝福，共同準備了一份禮物送給他，這份禮物有樂高鉛筆盒以及一打擦擦原子筆和各種自動鉛筆，大家希望小福在法國寫功課的時候能想起台灣的小學生活。

之前在法國住過幾年的經驗，我知道那裡文具的選擇性很少，不像台灣琳瑯滿目。除了超市，我不知道去哪裡找文具，所以那時我大多數的文具都是從台灣帶過去的。這一份同學送給小福的遠行之禮，比起其他法國小孩的文具，必然是新鮮的東西。

回到法國，在九月開學之前（學期時間跟台灣一樣，也是九月開始新學年）即收到學校交代的一份文具表，叮嚀上學的孩子該帶什麼以及不該帶什麼。

我當初不以為意，以為只不過是「叮嚀」，並不一定需要百分之百遵守。台灣小學裡也有這種文具表，都是非常簡單的東西，有一兩項準備不周，下次再準備即可。沒什麼大不了的。

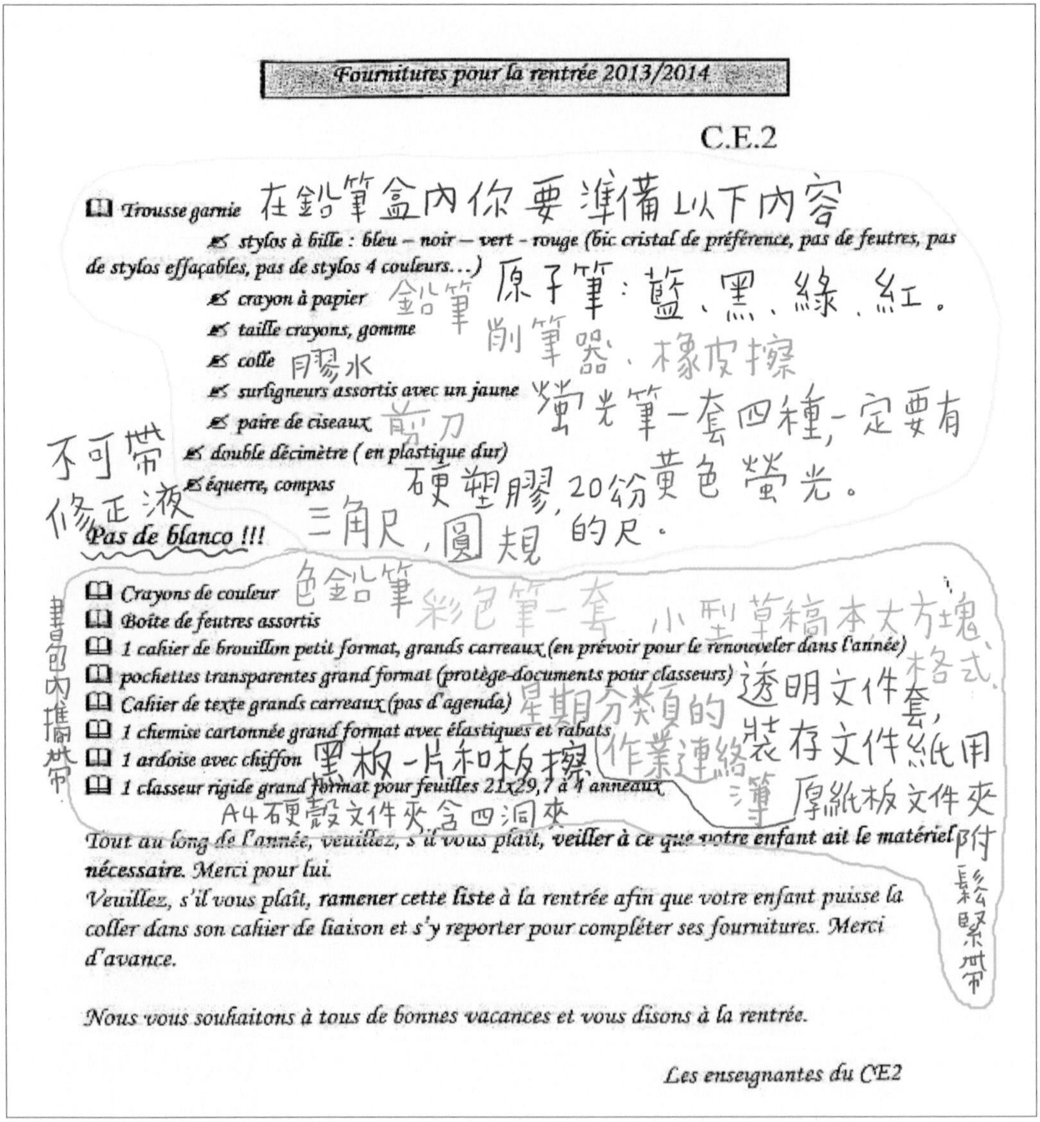

Fournitures pour la rentrée 2013/2014

C.E.2

- *Trousse garnie*
  - *stylos à bille : bleu – noir – vert - rouge (bic cristal de préférence, pas de feutres, pas de stylos effaçables, pas de stylos 4 couleurs…)*
  - *crayon à papier*
  - *taille crayons, gomme*
  - *colle*
  - *surligneurs assortis avec un jaune*
  - *paire de ciseaux*
  - *double décimètre (en plastique dur)*
  - *équerre, compas*

Pas de blanco !!!

- *Crayons de couleur*
- *Boîte de feutres assortis*
- *1 cahier de brouillon petit format, grands carreaux (en prévoir pour le renouveler dans l'année)*
- *pochettes transparentes grand format (protège-documents pour classeurs)*
- *Cahier de texte grands carreaux (pas d'agenda)*
- *1 chemise cartonnée grand format avec élastiques et rabats*
- *1 ardoise avec chiffon*
- *1 classeur rigide grand format pour feuilles 21x29,7 à 4 anneaux*

Tout au long de l'année, veuillez, s'il vous plaît, veiller à ce que votre enfant ait le matériel nécessaire. Merci pour lui.

Veuillez, s'il vous plaît, ramener cette liste à la rentrée afin que votre enfant puisse la coller dans son cahier de liaison et s'y reporter pour compléter ses fournitures. Merci d'avance.

Nous vous souhaitons à tous de bonnes vacances et vous disons à la rentrée.

Les enseignantes du CE2

在鉛筆盒內你要準備以下內容
原子筆：藍、黑、綠、紅。
鉛筆
削筆器、橡皮擦
膠水
螢光筆一套四種，一定要有黃色螢光。
剪刀
硬塑膠，20公分的尺。
三角尺，圓規
不可帶修正液
書包內攜帶
色鉛筆
彩色筆一套
小型草稿本，大方塊格式。
透明文件套，
星期分類的作業連絡簿
裝存文件紙用厚紙板文件夾附鬆緊帶
黑板一片和板擦
A4硬殼文件夾含四洞夾

法國小學九月開學前，發給學生的文具清單，我用色字標出中文意思。

但小福的爸爸卻以完全不同的態度面對這張紙，學校說什麼格子的筆記簿，就一定是什麼格子的；指定什麼顏色的螢光筆，就一定要什麼顏色的螢光筆。由於我不懂法國教育，當然一切由爸爸作主，我也不清楚為何要規定得這麼細？心裡一直覺得「有必要嗎？法國人也真是太龜毛了！」重點是，這張紙上有明確的標示：不可用立可白與擦擦筆。同學送小福的文具，一半都不能用！

在開學前，法國的超市裡一定會有開學文具促銷活動，每一件物品都是以六個、十二個的數量套賣。若需要一條口紅膠，你沒辦法單買一條，一定要買半打；要買空白筆記簿，沒有單本，只有一套四至六本……

我對法國社會的了解仍不夠深入，不清楚文具市場為何如此運作？筆和文具的種類都相當單調，也沒有可愛的設計，一買還得買上一打、一套，真是買得心不甘情不願。

台灣文具店的銷售模式在這裡不存在，自小我習慣的文具店都是可以讓人試寫、可以摸一下、玩一下，當然可以單件購買，這樣的文具店多麼理所當然，但是在法國似乎找不到。那時才感受到台灣文具店不僅銷售文具，還是個有療癒功能的美好地方。

開學前一天，再度把這個表格拿出來檢查一遍，發現我們漏掉了綠色原子筆。

「我們不是有四色原子筆，紅、藍、黑、綠都有的那種？拿那個壓出綠色來用就好了。」我自作聰明地提議。「不行，上面有寫『Pas de stylo 4 couleurs』，不能帶四色的！」爸爸說。「那我把紅藍黑都抽掉，四色筆只剩下綠色，不就好了。」我的變通方式是不是很聰明呢？爸爸也說好，那就這麼用吧。

兒子無法使用台灣同學送他的禮物，連樂高鉛筆盒都不行。因為必要的文具項目非常多，根本塞不進玩具型的筆盒，爸爸找出自己讀書時期的軟布筆盒給小福用（是滴，這一家法國人的東西都保存非常久），孩子就這麼上學了。

開學第一天下課回家，小福馬上反應：「媽媽，老師有一張紙條要給你。」紙條上竟然寫著：「請幫小孩準備一枝綠色原子筆！」

「啊啊啊……」我心想：有這麼嚴重嗎？老師居然還在聯絡簿上特別留一張紙條。對我這種外籍媽媽無疑是很大的壓力。「我這樣是做錯嗎？」「有這麼嚴重？」「天啊，快去買筆！」

事情就是這樣，我被仔細且龜毛的小學生文具嚇到。頓時使我理解為何在法國公家機關辦理各種文件時總是曠日耗時，每一份文件照規矩走，缺一小件不是太重要的東西也必須補上來，那種挑剔，甚至是刻意製造的程序，讓你感受到官方威嚴不得挑戰……

後來，在孩子帶回家的筆記簿裡，我看見法國小學在用筆這件事上規格化的要求，老實說，我被說服了。學校有基本規定，一般書寫是藍筆或是黑筆，老師依照上課時的需求，會指定這時用什麼顏色的筆，由此來分辨初次書寫和二次書寫的差異。標題則一

定是紅筆，使閱讀上鮮明，分類與標示清楚。老師修改時，用老師自己的紫色筆，所以孩子都不可以用紫色筆書寫。孩子做錯誤修正則使用綠色筆書寫，所有程序一清二楚。

我突然間理解了法國學校對文具嚴格要求的真正目的。不是讓你不可炫富、不是減低貧富差距、不是怕孩子偷東西或是特殊文具被偷之後找不回來難處理糾紛、不是怕文具太可愛太有趣孩子玩文具分心……都不是這些。學生使用文具的準則，是為了協助老師依步驟理解孩子學習的狀況。

最後，從台灣帶來的自動鉛筆，一次也沒用上。因為三年級（CE2）除了畫圖課，已經不用鉛筆了，全部都用原子筆操作。

「那寫錯怎麼辦?」我問過兒子這問題。

小福回答我說：「老師說，寫錯畫一條槓，錯五次，整句重寫。所以我都很注意不要寫錯字。」

這件事也重擊了我以往根深蒂固的一項觀念——學習就是要拿鉛筆，寫錯才能擦掉。初學者一定會犯很多次錯誤，一定要用鉛筆。

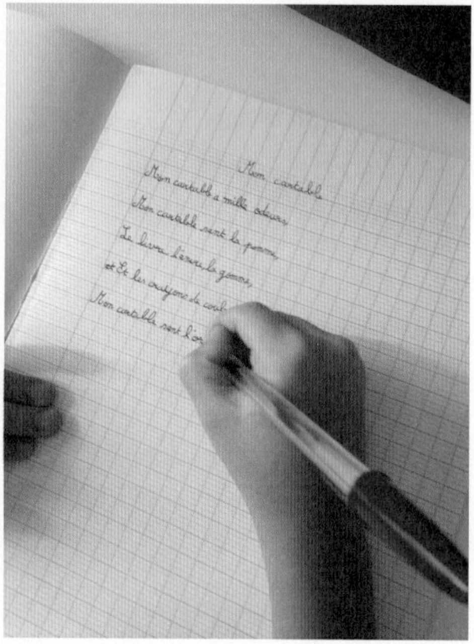

小福在格子簿上用原子筆認真小心地寫法文作業。

法國八歲小孩上課、寫作業已經不用鉛筆（法國一、二年級是否用鉛筆我就不清楚了。）不管是法文學習、抄寫歷史事件，或是數學練習，完全不用鉛筆。老師讓他們一字一字專注認真地下筆，錯五次，整句重寫。從孩子畫一槓的錯誤中，可以讓老師看見錯誤如何形成、看見思考不順暢的過程。孩子在下筆的時候只有五次機會，誰都不想重寫，所以下筆時專注認真。寫一次就好，不要寫三次或是寫整段……

這真的震撼了我。擦掉，不是最好的方法。我們只看到正確的那個字，卻不知道孩子錯誤的過程，如果不知道錯誤的過程，我們如何更準確地引導小孩？

因為有之前在法國的這個經驗和刺激，在這次自學的國語課裡，我讓小福全程使用原子筆書寫。我不要他每次下筆都因為有橡皮擦而草率，我要他專注寫字，好好地寫一次，一次就把它寫好。寫錯了，讓我知道錯幾次、是怎麼錯的，不要用橡皮擦來掩蓋自己的不專注。

那張文具表裡限制擦擦筆帶到學校，也是同樣的道理。老師不要孩子掩蓋錯誤，老師必須知道孩子是怎麼錯的。所以擦擦筆、自動鉛筆等從台灣帶來的文具都沒用上。

有一陣子大家熱烈討論的果凍筆事件，雖然各方見解都顯得有道理，但是我仍覺得這其中缺少了針對文具在教育功能上的討論，使我很想把法國的經驗提供出來參考。

在文具的使用規定中，因為不同文化的衝擊使我有了更多不同於以往的想法，甚至顛覆了過去慣常認定的作法。從小學生「可以擦掉」以及「不可以擦掉」這個微小的動作中，我感受到教育還有許多可以嘗試的可能性。教育的改造常被討論的是大框架，然而像前述的小地方的改變，卻讓我這樣的家長覺得有更多值得探索的空間。

課本筆記簿要多美？

我真的不愛拿法國的經驗來比較台灣，因為我不想變成那種有些膚淺的旅人經驗就要回頭批判自己家鄉的人。

但文化差異的衝擊，的確讓我把過去慣有的模式再度想過一遍，有些部分的確影響了我，顛覆我過去根深蒂固的觀念；但有些部分讓我更加確認我們從故鄉養成的文化是不差的，是可以好好地、驕傲地帶在身上。

前一篇提到法國小學生對於筆的要求，不在花稍可愛，而在筆的功能該如何協助教學。之所以龜毛挑剔，是為了讓孩子有規矩可遵循，相當實用取向。

筆記簿也一樣。學校有兩種開本的筆記簿，但這部分由學校提供。我兒的學校只要求家長買兩本草稿筆記簿，以及規格化的檔案夾。

前一篇提到孩子都用原子筆寫字，那是為了看出孩子的錯誤以便引導。但是總有需要計算或是練習的時候，此時就是讓孩子拿出草稿筆記本在旁邊先思索試寫，這兩本草稿都是固定的，必須帶在書包裡。

檔案夾則拿來放小考的試卷，試卷也是統一規格，只有Ａ４，不會有時Ａ３有時Ａ５，讓孩子難收拾。考完的試卷都收進檔案夾，非常整齊，不是東一張西一張，也不會亂夾在各種書本中，或塞進書包底，如此一來，家長要翻閱孩子小考狀況時，就有規則可循。

但還是有一些規格外的紙張，規格外通常都是暫時的東西，或是必須立即處理的單據，這些則放進有鬆緊帶包覆的厚紙板檔案夾。可隨時清除，保持檔案夾清爽。

最令我感到不適應的是功課的指派本，它是以週分類，老師不是每天派當天功課，而是在週五最後一堂課，讓孩子寫下下一週要上課的內容，以及根據上課內容孩子該完成的事。也就是週五放學前，把下週一到週五要上的課程一次預告。其中需要孩子先準備的項目，不限孩子完成時間，只要在老師上課之前做好即可。

要準備的也不多，比如週一歷史小考，法文要背一首詩；週二數學要上倍數，九九乘法的2要背到２×５（好少喔），週四游泳課帶泳衣毛巾，週五要上月份詞彙，把月份單字背起來（週三放假）。

這本筆記簿星期一全部寫在一起，星期二也全部寫在一起，以此類推。如果有類似功課的東西也幾乎沒有書寫的項目，大多是交代背誦詩文（短短的，我兒子大約十分鐘就可完成），但最主要是交代老師下週要上的課是哪些。小考測驗也沒有任何需要寫的作業、評量，只是讓孩子知道有考試。

這就是收集不規則紙張和暫時性文件的檔案夾，有每月學校午餐食譜或是一些社區活動通知之類的文件。

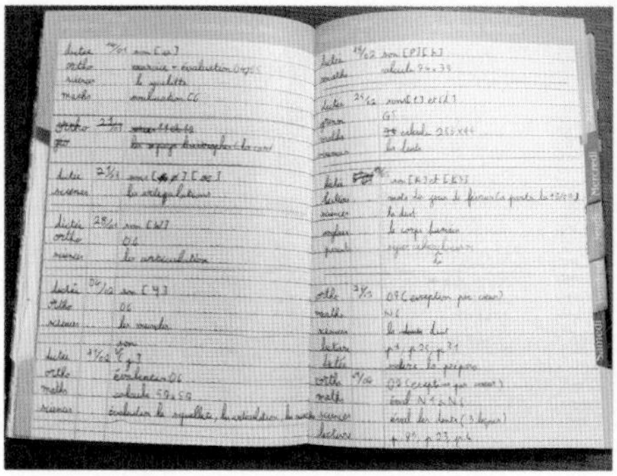

筆記本有點像電話分類簿的設計，旁邊的分類是週一、週二……照片上是週一的上課內容與學習交代事項。

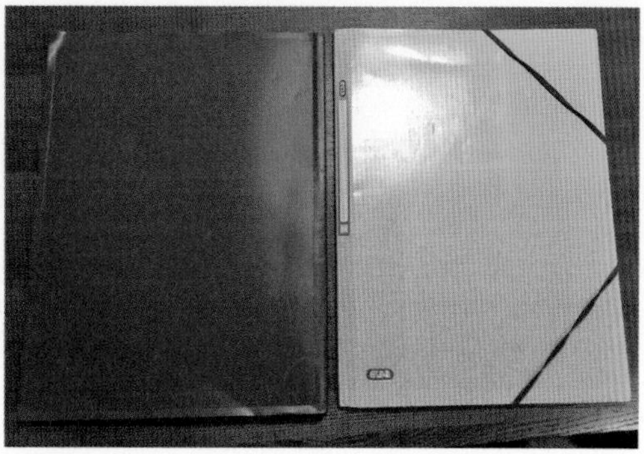

左邊檔案夾放所有小考測驗，右邊放一些不規則暫時使用的紙張，打開就是上圖。

需要家長注意的項目，都會要求孩子以紅筆書寫（考卷簽名之類）。

我兒子上的公立學校有許多考試，課業不算簡單，對我來說，甚至有點難。例如地理課要求孩子認識世界海洋的位置和港口；又如自然課，要畫出人體重要骨骼並記住骨骼的字彙（這好難）。但無論如何，都沒有回家一定要寫的功課，只要上課認真聽講。

寫到這裡，明顯地，在文件檔案上就是「整齊、規律」，學校並不會管孩子怎麼收書包，但是所有的紙張、筆記簿、文件都是統一規格，全部放進書包裡，看起來就是清楚、整齊。

也就是從這一年開始，兒子的鉛筆盒收得非常好，書包也不再凌亂。因為不管孩子怎麼收，那些規格化尺寸的筆記本就是能讓書包很清爽。

以前在台灣讀小學時，可以從小福的書包搜出各種小考的考卷、紙頭、吃一半的麵包、壓扁的美勞作品……進入法國三年級之後，這些都不見了，書包變得很整齊。

書包是我從台灣帶過去的，肩背型，在台灣已經夠大了，但是和法國小孩的書包比起來有點小。法國小學生有很多都帶著有輪子的行李箱，因為要帶的東西很多、很重，大家都拖著行李去上學。但我喜歡孩子背書包，我兒子也不覺得重，所以小福一直背著台灣的書包上學。

因為課本和筆記簿尺寸統一，書包就容易收得整齊。

這是筆記本和課本（講義本）整體看起來沒有花樣，很單純。

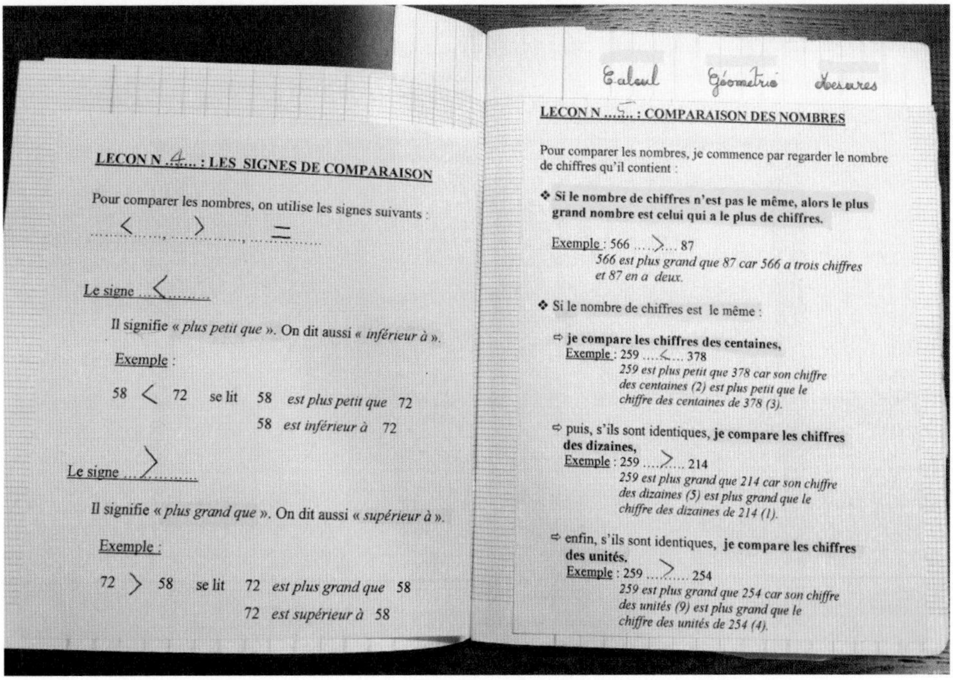

上課的課本就像這樣，用講義貼成，筆記本的上方做出方便翻閱的分類。黃色螢光筆是老師要求標出的重點。

法國詩文筆記與繪圖。

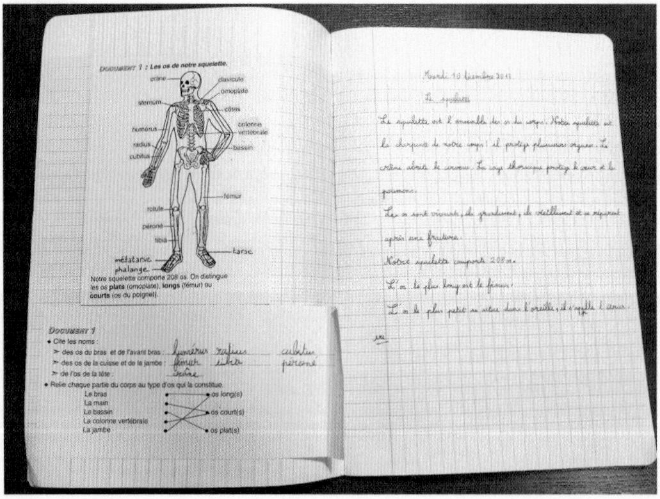

自然與科學的講義。

重點來了，課本。法國小學的課本是什麼樣子？未上學前，我也很期待。一定很美吧！但是，沒有。我兒子沒有課本！

由學校提供兩種尺寸的筆記本，那就是上課的本子。本子上會貼上老師當天發下的講義，那就是課本。每天上課，孩子不斷在剪、貼各種講義，而且要貼得很整齊，不整齊的話會被老師要求重貼。不到一個月用掉一條口紅膠，整個學期用掉五條。

而且講義上沒有太多插圖，甚至完全沒有插圖！

我疑惑了？法國不是一個藝術美感都很高的國家嗎？為何小學「課本」（其實是剪貼後的講義）一點插圖、一點顏色、一點花樣，都—沒—有—呢？我又被重重一擊！

要教小孩什麼，就是給他什麼——動詞變化就是動詞變化；一篇文章就是一篇文章。不必花稍插圖來陪襯，不必印刷精美，完全是實用性格的教學講義。跟大人用的幾乎一樣——一樣的字體，一樣的編輯，不必裝可愛，不必顯稚嫩。

因此，我對「課本應該很美、應該好看」的觀念動搖了，我對課本的想法改觀了！反過頭來回想我平常是怎麼看書的。

通常我們看書，黑底白字，一字連一字，不亂斷行，一篇抒情文讀多久翻頁情緒才會連貫……這些都被編輯計算在內。但為什麼我們小學的課本，總是把孩子幼稚化，統統都變成繪本？滿滿的插畫、大到令人失去閱讀情緒的字體、過多的裝飾、過多的填補……這些都太花稍了！

我是實用性格強的人，從實用與功能來看待課本，似乎更能說服我。

所以當我們重新回到台灣就學，我變得無法喜歡課本裡那些塞滿滿的照片和圖畫。塞滿滿，根本看不出美編的專業。還有許多細節上的疏忽，比如數學課本把幾何圖形壓在頁面的側邊，要孩子拿量角器量出角度，怎麼壓都無法壓平的課本又如何放上量角器？看似為孩子著想而做的花稍可愛課本，實際上非常不實用，一堆插圖也沒有必要。

實用的教育工具在法國的筆記本上非常明顯。當孩子把學校的講義本一字排開，紅色代表法文、藍色數學、紫色地理、白色詩文……因清楚明白而產生整齊的美感，竟然不需要封面設計。一個以美感、藝術著稱的國家，是以這樣的方式來處理孩子的課本，這的確讓人反思。

其實法國也不是沒有課本，我曾幫小福訂過遠距教學的課程，收到分科印刷的課本，非常高雅，大人品味，字體選擇秀美精巧。只是課本非常、非常貴！一本就要新台幣一千元吧！我訂過一次，第二期就放棄了。

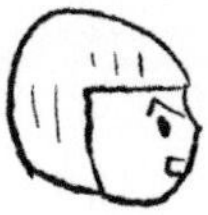

寫功課還是不寫功課？

我一直想再寫一篇關於孩子「寫功課」的觀點。但心裡的另外一個聲音一直跟我說：「你別管了，人家的孩子並不一定跟你家的孩子一樣，你也不是所有媽媽的類型，別出餿主意了！」

所以我寫這一篇相當猶豫，希望不被當成一個錯誤的學習對象，也不希望自己招致批評，所以請您當成一個我家的個人經驗分享。這不代表我認為自己的作法值得仿效，只是說出當時我決定這樣做的原因。

三年多前，我還堅持孩子要寫功課，但是三年前的十月份已經動搖，臉書的歷史回顧跳出來提醒我這件事。看見臉書歷史回顧跳出當時的貼文，我想那是我開始仔細思考孩子為何厭惡寫功課的重要階段。

為何孩子總是慢吞吞？

每天跟小孩為了這件事衝突，幾乎天天！

當時我以為孩子個性拖泥帶水、不專心、好逸惡勞……每天都要盯他「專心」、「認真」、「先苦後甘」、「重要的事先做」……後來逐漸我了解自己誤解了孩子腦袋運作的方式，造成許多不必要的衝突，也找到新的角度去欣賞兒子學習的模式。

為什麼
別人一下子寫
完，而你就要
寫那麼久？

比如有好幾次，我在煮飯，背後是餐桌，孩子正在寫功課。「媽媽這一題，我想這樣寫……答案跟老師說的方法是一樣的。」孩子在我背後提到數學的應用題。

我回頭說：「給我看一下你怎麼寫？」

兒子把數學作業簿拿到流理台跟我討論，小學數學還算可以應付，我匆匆看了一眼，手裡還攪拌了一下湯鍋。孩子在作業簿上寫了自己解題的方法，又在旁邊寫了老師上課提到的方法，等於寫出兩種解題方式。

我：「你這樣可以啊。不要浪費時間，快寫下一題，不然時間來不及！」

兒子：「我要先擦掉，還不能寫下一題，我只是先寫出我想的，再看看老師教的那種方式答案有沒有一樣。」

我：「拜託，你不要再擦掉了！一題花那麼多時間，這樣沒效率啦！」

兒子：「不行啦，沒有照老師講的去寫一定會被打叉，然後我還要訂正重寫一遍，我才不要重寫一遍，照老師講的比較安全。」

我：「不可能，老師不可能給你打叉，你答案是對的啊！如果老師給你打叉，你就去爭取，去說自己的想法給老師聽。」

兒子：「老師才沒時間咧，這樣很麻煩，我還是擦掉好了！」

我：「……………」

像這樣的事情在我兒子四年級時發生很多次，我兒不是什麼天才，只是遇到思考題時，有時候會突然真的思考進去，一個題目又畫圖又亂想，就會出現一條應用題花三十分鐘解題的狀況。

我發覺孩子不是不愛做功課，他其實愛思考，喜歡邏輯討論，但無法維持很久。如果這樣的題目出現兩題，三十分鐘加三十分鐘，一個小時就這樣過去了！這表示小福其他的功課都寫不完。那時候我兒子天天不自覺地在焦慮中，但是大人看到的只是吊兒郎當、無心、煩躁。

有一天，爸爸回來團聚時，他問我：「為什麼小福睡覺一直咬牙？」

我毫不在意地說：可能肚子有蟯蟲喔！或是腸胃問題？我來給他按按穴道看看。沒效的話，去買蟯蟲藥來試。（剛好學校開學有蟯蟲的檢查，所以我查資料知道咬牙跟這有關，但是那一年的檢查並無蟯蟲問題。）

也就是在那一回阿福爸爸回台灣團聚的假期中，有一天我跟朋友約在外面吃晚餐，必須把他們父子丟在家裡。我把晚餐做好放在烤箱中維持溫度，外出前叮嚀他們兩個：「把拔先看著小福把功課寫完，然後你們兩個一起吃晚餐。」感覺一切都很順利，我就出門了，出門的時候是五點半！

一直到八點半，阿福打電話來語氣非常不高興：「我們還沒吃飯！」

我剛吃飽，跟朋友開心地聊天，突然接到這樣的電話，我也不爽！

「我不是幫你們做好晚餐了嗎？不要等我回家！」

阿福很生氣地說：「他竟然寫了三小時功課，有沒有離譜啊？」

當時我第一個反應（到現在我還為自己這個無知的反應對兒子感到抱歉）是先說孩子壞話。我說：「你難道不知道你兒子不愛寫功課？他就是不專心，玩一下、寫一下，他就是這樣麻煩呀！你不知道盯功課很累嗎？這是我天天做的事情，你只是假日一次而已，是你沒有盯好他！」

阿福很冷靜地回我：「我一直坐在他前面，他完全沒有玩別的東西，全部時間都在寫功課！」

剎那間，我小小地嚇了一跳。

我知道兒子有點怕爸爸，因為爸爸比較嚴格。兒子會在我面前造次、耍賴，但是不會在爸爸面前這麼做。所以爸爸應該沒有講假話，而是我，為什麼每次孩子功課寫不完的時候，我就認為是孩子的問題？為什麼我從沒認為是功課多寡與內容的問題？（我是指我的孩子，您必須斟酌參考，這不是泛指所有的小孩，是我了解自己孩子的一個深刻的經驗。）

遇到孩子花很多時間寫功課，我竟然先指責孩子，而從未仔細看過功課內容。我竟先說孩子壞話來取得更高的地位，藉著責備小孩來跟爸爸表示我的盡責，我為自己感到

媽，我跟你說，
這題是陷阱題！
快寫，不要亂想。
我等這一題很久了！呵呵呵
不會被⋯
⋯騙

汗顏！那個反應的剎那間，我護衛著自己母親的身分，突然讓我看到自己呈現出大人的傲慢！

我很難過，匆匆回家。我問兒子今天功課內容是什麼？果然，很多。時間剛好在考前，老師出了很多項作業。以前只有國語數學，而那一天，有社會、有自然，都是需要抄寫又需要思考答題的內容。

阿福爸爸說：「你去跟老師說我們不寫功課，我要我兒子回家就是放鬆、就是家庭生活，就是好好吃飯跟家人互動。」

我心裡又不爽了！你一個外國人又不懂台灣教育，憑什麼指點老師！說得好像我是你的執行祕書，憑什麼讓我們的孩子不寫功課？別人都寫，我們不寫，我們何來特權？但當時不想衝突，我回說：「這是特例，因為考試，所以這幾天功課多。考完就不會了。」

但阿福仍不放鬆：「我們孩子又不需要考好？小學成績考好要幹嘛？現在小孩最重要的就是回家跟父母的相處，我放假都沒有跟兒子玩到，要出去打球都說要寫功課！你去跟老師說，我家孩子放學就是要放鬆，不寫功課！」

唉！幼稚！因為自己放假來團聚，卻沒有「玩到」兒子而怒氣衝天！

但另外一面，卻開啟了我「讓孩子不寫回家作業的思考」。

其實後來我跟把拔針對了功課討論了一會兒。中文看不懂，他只看得懂數學，於是拿來數學評量作業，用手指著題目。

「你看，十位數乘以百位數，為什麼同樣的題型要出十題？一題懂了，就是全部懂，這都是相同的概念。」爸爸說。

「讓孩子反覆練習有助於熟練性，是有幫助的！」我說。

「熟練要做什麼？幫什麼？考試嗎？我就說小時候考試不重要。身體健康最重要，我的孩子要長得高長得壯，你跟老師說，我們不重視成績。」

雖然阿福把拔一向過於自負，得理不饒人的個性讓人吃不消，但是他的強硬卻讓我感到無比解脫！

「我～才～不～要～因～為～功～課～天～天～跟～孩～子～吵～架！」心中升起一股吶喊！我不是老師，我不是安親班阿姨，我不要盯功課啊！我樂意跟孩子討論他不懂的知識，但是我不要盯功課！這不是母親的工作，母親的工作是讓孩子生活在溫馨的家庭裡，照顧他飲食起居，給孩子完整的成長基礎！

我解放了！我要的就是這樣！我竟然在根深蒂固的功課制約中忘記自己真正的角色，在兒子身上我重複執行小學階段最厭惡的事情。

只是我不知如何讓孩子不寫作業而不影響團體秩序？老師要怎麼處理單一學生的單

一需求?我們可以不重視成績,但是老師或許希望每個孩子都能更好,位置角色的衝突又該如何處理?我要如何尊重老師又維護自己在教養上的理念?

小福當時有可能察覺了自己因為功課寫很久的問題造成父母之間的言語不悅,當晚他一言不發。一方面顧慮學校的要求,一方面在意媽媽的期望,另一方面還要回應爸爸對功課一事的翻桌姿態!

孩子在八歲年紀根本難以應付這種情況,只能裝作一切不關他的事。

但我想,那時候他自己的內心也開始處理這樣的衝突,「到底我要不要寫功課?」「是不是我的問題?」「還是我有另外學習的方式?」「我如何不寫功課又能在成績上表現好?」以上是我的假設,孩子並非能逐一思考,但是這樣的種子已經放進他的心裡。爾後,他自己跟我說:「媽媽,我上課專心聽,如果都聽得懂,就可以不寫功課了吧?」

雖然說這話的時候他以開玩笑的口氣跟我提出,希望我能因為他上課專心而不再在意功課問題,也可能希望我跟老師溝通時能這樣回應,我當然說好,因為我知道他為自己找到著力點,找到一個解決方法。

一開始我用一個很爛的理由跟老師說:「因為剛回台灣,寫字很慢,加上小福跟法國爺爺奶奶要維持聯繫,每次晚上通視訊都已經八、九點,功課幾乎都沒辦法寫。還有他要補習法文,有另外的法文作業……」

這雖是事實，但視訊與法文課並非天天有，那只是我向老師挑開功課問題的破題。老師也有體諒之心，起初答應讓小福只寫一半的作業。也就是原本寫三次的語詞，只要寫一次；六題數學只要挑兩題寫。大約是這樣。

但「寫一半」的作法並沒有完全消減孩子寫功課時與我的衝突。我發現小學生家庭生活最大的障礙就是功課，沒別的！就是盯功課這件事而已。

「寫功課是一種負責，寫功課是一種複習，寫功課是孩子該做的工作！」我也曾這麼想。但我那時只想解除障礙，如果功課是我們親子關係最大的問題，我何不先排開它？在路上遇到大石頭我先跨過或從側邊穿過，而不是想盡辦法向左搬它三公分還是向右推它五公分，遇到石頭，完全跨過不就解決了！

我再度去找老師，這次直接表明我需要家庭生活的和諧。孩子回家的時間請老師讓我全權處理，讓我保有良好的家庭生活。成績方面有任何問題家長自己負責，老師完全不需要有壓力也沒有責任。（其實老師還有打分數的困擾、被抽查作業的評鑑等等，老師那端事實上也承擔了一些壓力，這一點我心存感謝。）

如果孩子寫功課是一種負責，但我可不可以讓孩子負責收陽台的衣服和澆花？負責回收垃圾的清理？如果寫功課是學生該有的工作，那也應該是在學校完成，不該回家加班！一般來說，如果爸爸回家還在家裡做公司的事情，媽媽不是都會念！大人回家加班是不正常的，工作應該在公司做，學生的工作也應該在學校完成。

就這樣我們成為拒絕寫功課的學生。（另外，聽說老師在班上提出一個較公平的作法，如果有學生不想寫，可以請父母到學校跟老師溝通，如此也可以針對功課做調整。）

四年級那年下學期，兒子回家都邊洗澡邊唱歌，有時候會突然跟我說：「媽媽我覺得今天心情好好！」然後表現出暖男的體貼，跟我聊天，跟我說笑話，不再一直在我耳邊抱怨寫不完怎麼辦。剛開始不寫功課的第一個月更是乖巧，我要求他做家事配合他會很快回覆我一聲開朗的「好～」

我煮飯時，兒子在背後洗完澡出來照鏡子開心亂跳舞唱 B-Box，我說整理餐具就立即整理，我說 iPad 收起來就收起來，那個月是最美好的一個月，母子都感到非常愉快。

當然，後來孩子油條了，不寫功課不是什麼恩賜了，我叫他做事也沒那麼好叫了。（好景不常啦！）可是比起回家要寫功課的日子，已經好太多。真正改變的是我感受孩子對我的體諒度增加許多，因為他很明白媽媽體諒他在寫功課上的困難，他知道媽媽有為此努力也為他戰鬥過。（我去跟老師講的時候也是很害怕的，怕自己變成恐龍家長，怕自己言談中的用語不當，失去對老師的尊重。而且我也怕自己過於站在孩子的角度反而做錯，心裡有許多轉折……）

在那之後，不再有功課的某一天晚上，孩子熟睡而我還醒著，我突然發現兒子似乎好久沒有夜間咬牙、磨牙了，我不清楚為什麼？但我直覺跟解除孩子功課焦慮有關。

如果有人問：「那，成績呢？如何？」

如果我說：「不寫功課他成績還進步了呢！」這樣的回答或許會大大抹殺了其他認真寫功課的孩子的努力，所以我不想太自以為是地談論成績，對我兒子來說，毫無影響。而我的目的不在成績，他進步或退步都不是我在意的結果。（雖然我剛開始會自滿地回答他考得有多好，但這不是重點。）

每一家的孩子都不同，家長對待孩子的方式也各自有主張。我家的確在選擇不寫功課這一項作法中舒緩了家庭壓力，孩子回家無事一身輕，所以我們可以隨意花時間吃飯，晚餐中討論各種有趣的事情，一起做事、一起看影片。無須顧慮功課帶來的焦慮之後，孩子的表情和身體的輕鬆感給家裡帶來很多歡樂，減去壓力的孩子性情更加溫和。

但我很清楚自己不該認為每個孩子都必須跟我的孩子一樣，也不能以個人經驗短暫的成果而積極宣揚「無功課」的好處，希望在這方面的文章中，自己千萬別落入家長慣有的盲點，以為自己的作法最好而四處給人建議（之前會，但越來越不敢了）。我不承擔別人家的壓力，也不負責其他孩子的未來。三年來我體會到教養語彙人人會用，你講的跟我講的有可能相同，但運用的方式並非實際相像，甚至差異極大。

已經過了三年，回頭再看一次這段過程，我必須說這只是我在日日遭遇的親子衝突中所選擇的一項解決方法，而不是那麼膚淺認為每個學生都必須選擇同樣的方式，寫或不寫功課，不能說哪一項才是正確的教育。事實上我最在意的還是跟兒子和平相處，關係處理好，彼此能互相理解給予支援，才是母親應該重視的部分。

孩子的競爭力

雖然不喜歡「別讓孩子輸在起跑點」、「提升孩子的競爭力」這類說法，但我完全可以理解家長矛盾的心理。

這一代的家長已經知道對孩子來硬的起不了教養作用，甚至會有反作用，但眼看著小孩浪費光陰，甚至浪費才能，家長心中總掙扎著自問：「如果不逼他、引導他，會不會忽視了孩子的潛力？」「孩子學○○才幾個月，雖然沒什麼興趣，但那是因為還沒學到精華，堅持下去會不會改變？」「我是不是對孩子太鬆了？徹底地讓他學會○○對他一定有幫助，我要不要硬一點？」

其實一般家長對孩子的期望都不算太誇張，只是不想讓孩子浪費人生中吸收力最強的少年時期，這個階段的學習似乎奠定了往後知識發展的基礎，我們做家長的無法供應孩子一生所需，總覺得是不是該在基礎上多加使力？我想，大多數的家長心理都是這種程度的期望，過分要求的並不多。

而貼身照顧孩子的父母多少都看得出自己的孩子在某些方面有潛力（只是潛力，也不自滿認為是天分），如果開啟了潛力的按鈕，會不會為成為他一輩子有用的能力？我們是不是應該在小學階段讓孩子多多嘗試？真的不行，可以提早放棄；若是孩子真的行，好好栽培才不會來不及。

大多數家長所想的大概都是這樣吧！也不是要贏，只是希望孩子出去社會與人搏鬥時，不要一直輸。所以，為了培養競爭力，每個愛孩子的家長一定都用過心。只是有些家長注重表面的「競爭力」，有些家長轉到背面去「找出個人特質」。說起來，這些家長走的是不同的路徑，但愛孩子的心思，你我都相同。

想起我兒三、四歲時，當時在法國生活，我們常到公園玩遊樂器材。公園裡有一個網子圈起來的遊戲區，尚未上學的小孩們都在這裡混，遊戲區裡最大的遊樂器材是附有各種攀爬、躲藏功能的溜滑梯，小孩們一進去，就搶著上溜滑梯。當然，父母家長都會在一旁叮嚀：「要排隊喔，一個一個來！」大人都希望在遊戲中讓孩子了解社會互動最基礎的公平性。

我兒子呢，因為個性比較謹慎斯文，每次去排隊都不會緊貼隊伍的最後一名小朋友，總是和最後一個人之間留有空隙，看似排隊又好像不很積極排隊。所以剛溜滑梯下來的孩子再度輪過來排隊時，就會搶在他的前面。有時候兒子稍微貼近隊伍，也會被急躁的小孩從中插入。最重要的是，他竟一副沒關係的樣子！

「小福、小福，往前一點，不然你沒辦法排上樓梯！」我有時候看不過去，會在網子圍牆邊用手罩成一個喇叭狀，輕聲地喊著他。兒子轉過頭來看我一眼，意思是懂了，但是腳步卻沒往前！

「吼，都不會競爭，看要怎麼辦？連溜滑梯都搶不到！」不諱言，我心中的確有著急過。但理智上，我該讓孩子自己去面對這種狀況，不可插手，他才知道謹慎斯文會比激進者少掉很多機會。其他的遊戲器材都一樣，即使是他喜歡玩的，如果有人搶過來，他就讓開。

我不怪別的小孩搶，因為孩子人人有自己的性格，來搶器材的孩子一時興頭上，熱烈投入自己喜歡的事物，這並沒有錯。除非我兒子已經告訴他「這是我先來的」，或是我兒子哭了，對方還不收手，那家長才需要上前處理。

但我兒子一點都不想搶，總是「退、讓、別人先」。

在法國的六年，小福的法國爺爺常常叫他「膽小鬼」，小福聽到會很生氣。爺爺故意激怒他，就是要他展現一點脾氣，像男子漢那樣的氣魄。因為爺爺十六歲之前可是少年組搏擊冠軍（聽說還是他們那個省分的冠軍），打架第一厲害的爺爺，當然受不了孫子那麼退讓！

雖然爺爺都是以開玩笑的方式進行激將法，但我聽到的當下，心裡其實有點生氣。不過也可見全家人對孩子在團體中「過於溫良」的狀況是在意的。

「競爭力」這件事，連溜個滑梯都會讓家長神經緊繃。其實不只溜滑梯，在法國時，家家戶戶幾乎都有庭院，我們常去別人家的庭院度過孩子下午的遊戲時間。孩子玩到大約四點時，媽媽們便準備糕點出來給孩子當點心。當初一起在法國養育孩子的媽媽同伴們都很會做點心，有時候那蛋糕真的好吃極了，根本不需呼喚，孩子眼尖一看到蛋糕，全都圍過來吃。團團圍住點心蛋糕的孩子群中，每次都沒有我兒子！我在一旁幫忙分點心，都快被吃光了，我家小福還在玩他的。

「小福，你要不過來吃點心？」我只好叫！

「不要！」

「過來過來，要來吃一點，不然等一下會餓！」

不得已，又出現媽媽的控制欲。兒子都是被我拉過來吃東西的。他小時候對吃沒有太多熱情，根本不會搶。連來吃個好料，也沒有競爭力。

後來回台灣，我偶爾會在學校下課前做好蘋果派或是蛋糕麵包之類的點心，帶去學校讓兒子跟同學一起分享。我的想法很簡單，就是做點心給兒子吃，同時也分享給其他小孩。由於我自己比較在意食材，所有的麵粉、水果、牛奶、蛋，若非主婦聯盟的產品就是有機、本土、在地、小農出產的。一份蛋糕一口派，成本都很高！加上自製過程的衛生和我的用心，這樣的點心根本無價。

可是我每次帶到學校，叫小朋友過來分享時，唯一沒有圍過來的，就是我兒子！

A說：「我要，謝謝！」

「好，給妳。」

B說：「我也要。」

「好，你一塊。」

C說：「小福馬麻我可以吃一塊嗎？」

「好啊，這個給妳。」

D、E、F都轉過一圈了，我兒子還在玩球……

眼看只剩最後一小塊。B又繞回來問我：「小福馬麻做得好好吃喔，我可以再吃一塊嗎？」這種狀況比較好處理，我可以回他：「一個人只有一塊喔，下次我再做的時候你再過來吃。」最不好處理的是，在旁邊看很久，終於鼓起勇氣來跟我要一塊的害羞小孩：「小福馬麻我可以吃嗎？」我真的很難拒絕！因此有時候帶點心去學校，兒子卻完全沒吃到。（先藏一塊起來嗎？我不喜歡這樣。覺得不過是吃個點心，何必鬼鬼祟祟。所以我幾乎不願意先留一塊以自己兒子優先。）連自家人的勢力範圍，機會也被別人拿走了，我看了真是……（不知該說什麼……）

孩子正值成長期，幾個活動類似的同學常湊在一起，家長們會聯繫好，一起準備餐食。有非常香嫩的牛肉，有煎得「赤赤」（台語「恰恰」，焦香之意）的虱目魚，有剛從田裡採來的青菜……

「快來吃喔，開飯了！」男孩圍過來，出手第一筷通常就是最香的牛肉，越大塊越快被夾走。我看我兒子筷子也伸向牛肉，但竟然夾旁邊的洋蔥。應該說，並不是刻意夾洋蔥，而是筷子伸出去，夾到什麼就是什麼；牛肉從筷邊滑落，只夾住洋蔥，他就吃洋蔥。

「目標、目標！兒子怎麼那麼沒目標啊！」天啊，我是不是不該擴大解釋！兒子只不過心思不在吃，跟學業目標、人生目標都沒關係，只不過是夾到洋蔥，不是沒有目標！我這樣安慰我自己。無怪乎家長對於推動孩子競爭力一事這麼用力，因為連我這種媽媽也會在意呀！所以我看到別人積極地安排暑期活動，我知道那種用心。不是大人們想壓迫小孩，只是想完全盡足家長的責任。

回頭想想。兒子在十二歲這個階段，英文完全自學竟比我現在更強，何況他還會中文、法文，社會上所注重的語言優勢，在這方面不用競爭就已經有很強的實力。他還比我會游泳、比我有節奏感、比我幽默，我到底有什麼好擔心的？

雖然小福生活方面有點糜爛被動，不想學「有用的」才藝，我也只能偶爾罵罵，怎麼都使不上力！但重要的是，他有很多好朋友，交朋友真心誠懇，不太愛跟人競爭輸贏，所以朋友關係比較不會鬧僵。「個性上容易交到好朋友」這一點跟我一樣，好友在將來的人生中很重要，我在其中體會很多。我有「與人當好友」的能力，這一項他也有了，而他有的能力我還跟不上呢！

我常常告訴自己：好啦，這樣就好了，不要強求孩子什麼競爭都在第一線上，他長出自己模樣就好。（孩子每個階段都在改變，現在已經不是膽小鬼，是年輕氣盛的少年。有時候我還擔心他不小心挑釁別人。）

叮嚀

早晨時間。麵包從烤箱拿出來之前，兒子怕燙，流理台上物色許久，選上一條抹布，問我：「麻，我拿這條抹布會不會太薄？」

那是一條擦桌子的抹布，好幾層紗。我家沒有特別為了烤箱而買的手套，因為我覺得抹布更好用、更靈活。孩子對廚房不熟悉，對各種熱感、燙感也不太有經驗，所以每次總是會跟我再三確認。

我說：「不會啊，覺得太薄，你就多摺幾次嘛！」

「烤這樣子，可以嗎？」從烤箱拉出麵包，兒子又問。

「可以啊，看你覺得這種焦夠不夠，你自己可以決定，我都隨便。」我答。

小福小心翼翼地拿出烤盤，放在清空的廚房檯面上。此時，準備塗奶油。

一開始我會叮嚀他：「烤箱可以趁煮開水的時候預熱喔！」「奶油要先拿出來，不然到時候很硬，你塗不上去。」「煮開水的時候不要站著等，先去排小盤子，把餐桌弄好。」「切麵包的刀子是有鋸齒的，平滑的刀不好切。」「奶油刀跟果醬匙不要混在一起用，要分開。」看似很簡單的早餐，其實有非常多細節與流程順序要注意，什麼先、什麼後、什麼可以同時進行……最後可以讓一切整合在一起。

如果是那種培養孩子領導力、整合力的教育中心，我覺得早餐製作就是一個非常好的訓練課程。早餐沒有一般料理的困難度，每天大概都是差不多的內容，可以讓孩子一再重複練習。不過，小孩通常是做到哪裡想到哪裡，剛開始我會叮嚀他，免得他因過程不順利而自暴自棄，不想好好執行自學課表上做早餐的計畫。

在叮嚀後，我還向他解釋「為什麼」，有時候還要教他手勢、技巧，希望他動作標準，不要傷到自己。剛開始是這樣，所以，給孩子一種媽媽很煩的感覺。「媽媽很煩！」兒子的表情顯示了這個意思。

我不是最自由開放的母親了嗎？我只是想跟你說為什麼挖完奶油的刀子不要再去挖果醬，雖然兩種都是要吃進肚子裡的；我只是要跟你說為什麼有鋸齒的刀比較好切，還有為什麼媽媽把麵包冰冷凍而不是放冷藏；為什麼烤箱要預熱，但是冷凍的麵包我並不預熱，常溫的麵包才會預熱……我只是希望你不是傻傻地、不知所云地去做，而是因為知道為什麼而有意識地去做該做的事。

「可是媽媽說很多，就覺得很煩。」兒子說。

「我說完，你聽過，我就不會再說了啊！就是你一直沒聽，一直做不正確的動作，我才會再重複一次。」

「我有聽啊，只是我不想照你說的做。」

「……好吧！」

後來我就不說了，等他問。小福問的問題是：「麻，那個烤箱要怎麼轉？是要轉哪一顆？」每天幾乎都是固定的溫度和功能，加上我的目測，設定好的溫度及烘烤功能幾乎沒變過，時間長短都是憑感覺和聞味道，的確這個我忘了教。不過，看上面的字不就知道了？為什麼自己不想？

「要怎麼把麵包拿出來？」

想辦法拿出來就好啊，還要教喔？

「麵包要切成幾塊？」

就我們兩個人，切幾塊隨便啊！

「抹布用哪一條？」

他的問題都是這些。大多是我覺得不用教，自己想就可以判斷的事情。

幾次經驗下來，奶油很硬、很難塗，之後就知道要先拿出來在室溫中軟化，免得給自己添麻煩。我想我兒子在生活上只能讓他自己去體驗，我的叮嚀（好心的建議等）都要收斂一點。

小孩不願意聽母親的叮嚀，雖然會讓人覺得沮喪，但養兒已經十二年，我知道父母在教養上的沮喪幾乎是常態，要以平常心來看待。他現在已經可以自己處理早餐，好好地把一件事從頭到尾做完，就當他已經過關。

補充說明一：我的小孩到小六才逐漸願意進廚房。如果您的孩子在尚未開竅的年紀，怎麼利誘威逼都不是很有用，我們可以把生活料理的學習當成一項活動，增添生活樂趣，但是要讓孩子學習「入心」，還是得等他成熟到該有的階段。

有很多孩子小三、小四就已經有能力自己炒飯來吃，這是對廚藝特別好奇或是有天賦，但很多孩子這些事情不感興趣，所以告訴他們基礎的事情即可，不必勉強。在生活事物上，我把它當成對孩子的觀察，最主要是看孩子是不是有能力「完成一件事」、「從頭到尾」做完，會不會虎頭蛇尾，會不會只做表面而細節草率……我最主要是觀察孩子的個性。

補充說明二：上一條補充其實是怕此文章被過度解釋，變成一定要讓小孩學廚藝，或是讓孩子學會煮飯就是很好的教養之類。本文的用意在談父母的叮嚀與孩子心裡想法的差距，我們當家長的要隨時調整這個差距，不然所有的用心都是白費力氣。

請兒子幫我畫個插圖，畫他自己做早餐的樣子。然後我說：「你簽個名，讓人家知道這不是我畫的，是你畫的。簽個好看的名，ok？」兒子說：「簽好看的名嗎？好！」之後，我就收到這一張。

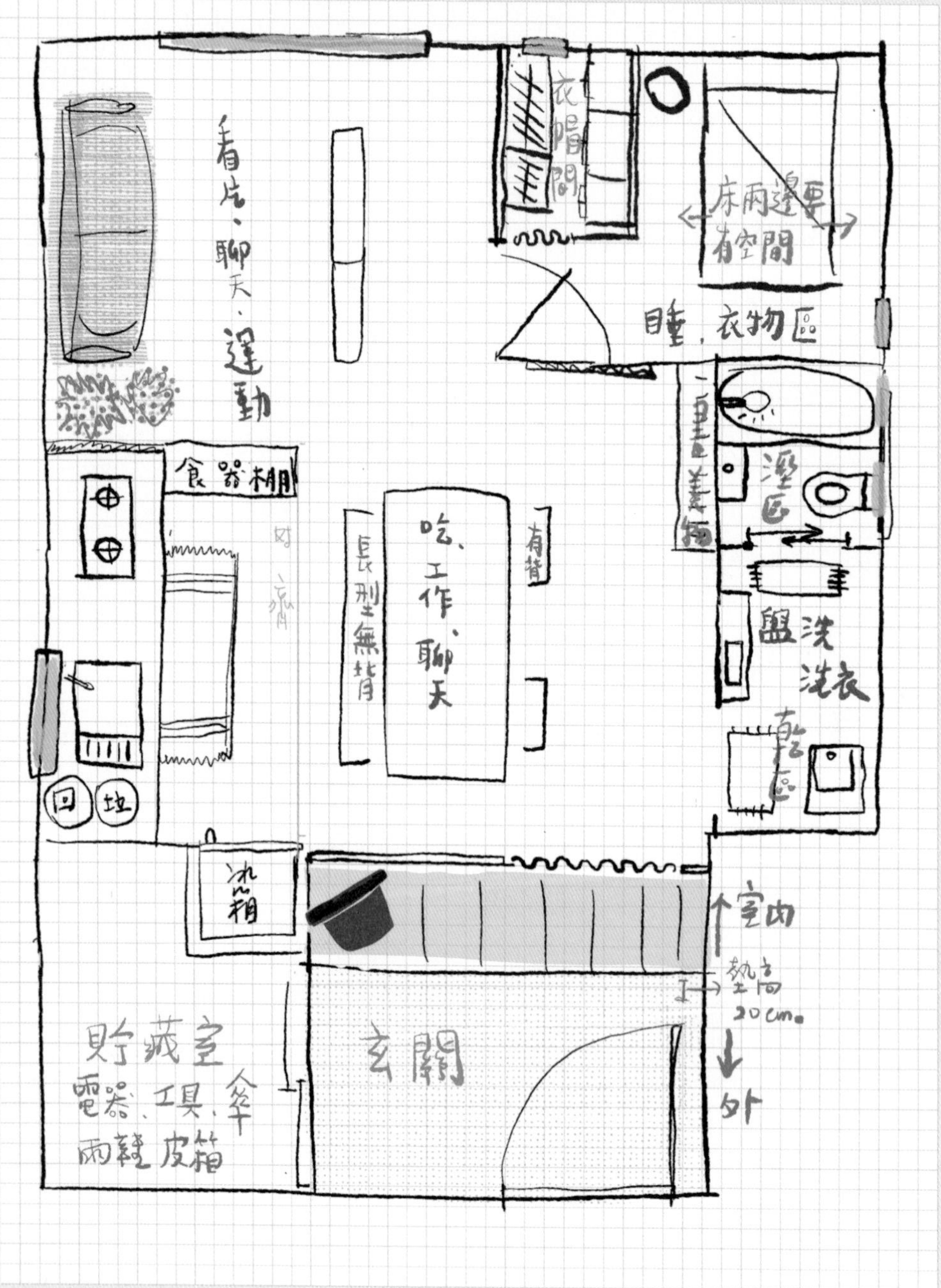

看片、聊天、運動
衣帽間
床兩邊要有空間
睡，衣物區
食器棚
長型無背
吃、工作、聊天
有背
盥洗
洗衣
乾區
冰箱
室內
墊高
20cm.
外
玄關
貯藏室
電器、工具、傘
雨鞋 皮箱

理想的公寓

最近我打消了原本想要另尋公寓的想法，還是安心地在目前租屋處把原來的家具和物品重新整理一下，打算再好好住上幾年。雖然打消念頭，但仍常常想著什麼是「務實而理想的公寓」，想著想著就隨時利用 iPad 把想法畫下來，搞不好有一天用得到。

因為光是想像也能得到滿足，充分的想像可以使虛幻具體化，搞不好夢想也能加速達成（樂觀）。所以我有空就想著自己希望住在什麼樣的格局裡。

我不去想寬敞豪華這種事情，那太不實際，我也不喜歡。我的性格負擔不了豪華的氣派，也不想打掃寬敞帶來的空虛和灰塵。我一直是務實中有夢想的人，活得的確很像金牛座。

我喜歡小，剛好就好，不要多。人生中的許多經驗告訴我：長遠來看，有點不足反而是最剛好的。吃飯是這樣，物品是這樣，感情是這樣。不超過才不會負擔許多另外衍生的麻煩。

住處的規畫，通常和同住者有很大的關係，但目前我只想到我自己。理想的公寓只有我自己，沒有規畫其他家人或他人。集合數十戶理想的公寓在一起，就會成為既獨立又合作的共同生活大廈。可惜我不是有錢建商，不然我一定會朝著個人公寓去規畫建案，讓喜歡獨立又喜歡群體的人，可以居住在有情感交流又能不受干擾的空間中。

右頁圖畫的尺寸是隨意畫下，不太正確，內容也隨當下心得修改，沒有完善的一天。規畫自己的居所反應出生活的樣貌，這張圖大約是我最近在生活上對自己的期望，至於兒子目前尚未獨立，他與我幾乎一體。

（圖中忘了畫在客廳外延伸陽台空間，要有個陽台，這是一定的。）

表格

這一陣子填了不少表格，兒子的和我的。我的表格來自不同的活動要求與專案申請。

由於去年申請小六下學期的自學，下載了自學申請表。一開始我帶著防衛心看這些規範與要求，彷彿每一項都擺出一種官僚姿態對人刁難，但是為了符合自學資格，不得不一項一項面對。

向教育局申請自學，家長必須以書面描述「目的與教育方式」、必須規畫「課程內容」和「學習日課表」，最後還不能缺少一個自學標題。

剛開始拿到申請表格時，令人頭大，我以為自己無法完成這些內容。

我很不會寫與官方交涉的文件，也不愛編撰空虛浮泛的文字，看到表格，自己的思維就跟著落入了格式框架。心中升起一股反抗，看著申請書，叨念著「自學還要遵守格式嗎？」但很快，網路上研究了幾天，就跳出來了。

我對自己說：「寫你真正想做的計畫，不必去討好格式，格式只是一種提問，人家問你問題，不管怎麼出題，你一定有能力

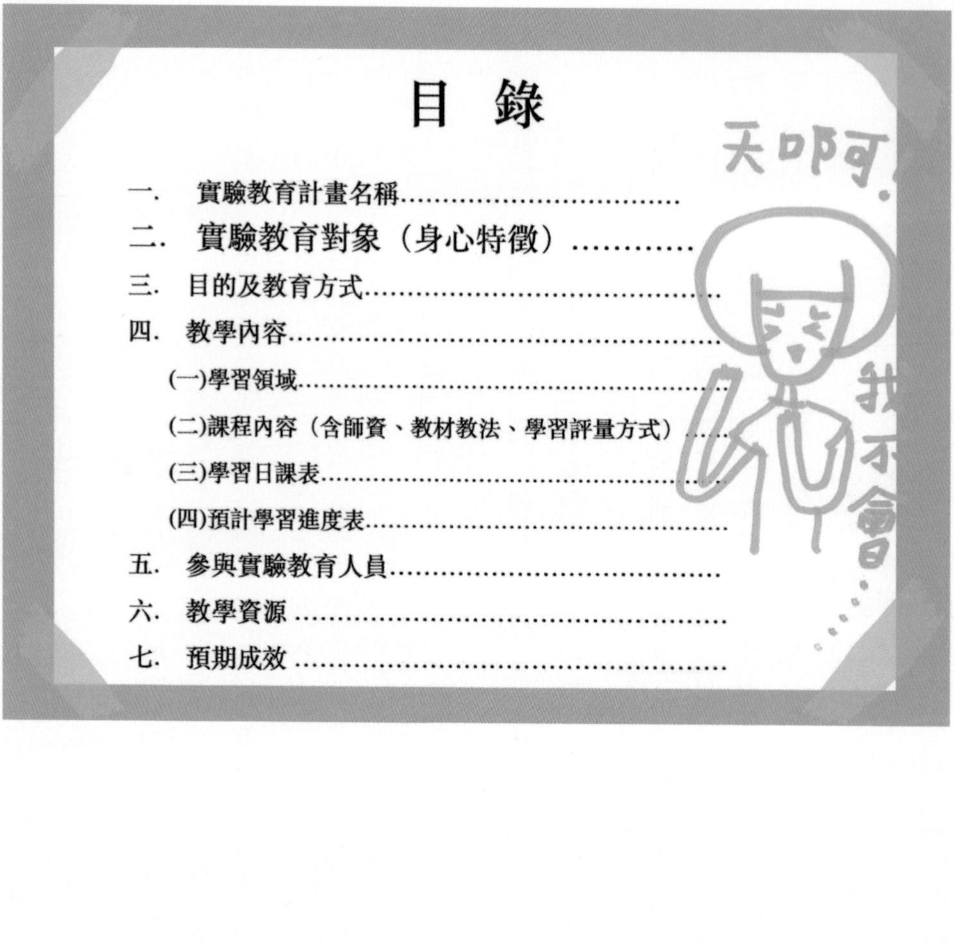

目錄

完全解答，表格只是測驗你的理念是否清楚。」我得實際地把我胸中的熱血寫下來，把腦袋裡的天馬行空做成表單，如果連自己的想法都無法做成具體計畫，也就是說我的想法亦是虛空，沒有比僵化的表格高明到哪去。

把表格當成理念的提問，而不是為了討好官方機構，這也表示了雙方站在平等的位置上彼此激盪與攻防。想通了之後，突然間變得非常會寫！（呵呵，因為寫得滿順的，所以自以為寫得不錯。）花最多時間的地方在編排「預計學習進度表」，當時小孩第一次自學，完全沒經驗，我如何預計孩子的的進度？其中包含了能力指標的說明，什麼是能力指標呢？我一頭霧水。

在網路上不斷查詢，也讓我看見自己不熟悉的領域，學習指標的訂定是教育專業的一部分。在填寫表格時，我察覺自己的理念有可能流於空談？讓孩子自學，家長該如何掌握生活與學習？該如何看見能力的培養？還是……我讓孩子隨意？在家自由自在？

「擺爛」、「放空」並非不行，暫時的放任不管，對孩子來說也可以是學習。可是，我總得有一個計畫，一個確實可依循的方法。

這份自學申請書，幫我釐清紛雜的想法和隨興亂竄的創意，一項一項寫下來，順便收斂自己的熱情並具體整合各種資源。當時覺得表格對我這類思考不夠穩的人有很大的幫助，申請書上鉅細靡遺的要求似乎能把我糊塗的個性拉回精準。

這時，對於官方要求的表格有了不一樣的體會。

這社會永遠有兩端——空有想法卻難以落實，或是遵循舊規不思改進，這兩方似乎是社會進步 ing 時，最大的拉扯。

接著，今年我又填了幾份個人的表格。為了參與活動的舉辦，我必須說明自己的「商品為何？」解釋「定位？」並且說明活動進行方法……

一向以來，我自認為沒有專業，只有兼職。雖然過去曾經在唱片業待過好長一段時間，但是後期都以接案子的方式工作，有一搭沒一搭，什麼都做。有配音——好，我去；參加報紙文案比賽——好，我去；片場缺美術——我也去；缺臨時演員——我跟著去。什麼都做的我，後來畫了漫畫、開始寫作，因為作品裡有圖畫，親友們的小案子找我做設計，於是開始做平面，有時編輯、有時設計、有時插圖。一切都是有一搭沒一搭。做得似乎還可以，卻說不出專業在哪裡？

當媽媽的時候，我常常慶幸自己可以抱著孩子躲避，不會有人來要求我寫出動人的文字，也不必做出創意無限的企畫案，反正我累、我忙小孩，事情做不好似乎可被原諒。躲在廚房裡做菜，自己是自己的主管，添油加醋隨意，沒有肉時，豆腐代替，沒有米時，改吃麵條也可以。家事中，靈活的轉換是最重要的能力，但即使已經煮飯做菜二十年以上，還不知道自己稱不稱得上專業？

我這種什麼都說不上一回事的人生，最近卻因填表格感到一絲安慰。它協助我落實難以分類又實在存在的經歷。拋去細碎的小事，縱看整體，在取捨之間勾選最適合自己的項目，用最簡單的語句好好地填入有限的格子裡。

填表格這件事，對我並無限制，甚至我從中頗有領悟。可是兒子最近從學校拿回來的表格，卻完全不同。

對孩子來說，表格就是一種規範。孩子本身尚未成熟之前、經驗不足的時候，大人給他什麼表格、向他要求什麼答案，這都可能影響孩子的思考模式。

記得我小時候填表格最困擾的是「籍貫」，當時的社會完全受政治控制，在學校，不問小孩出生地，只問祖籍、籍貫。只要有人填「浙江省」或父母職業填「軍人」，都會受到崇拜及尊重。同學填上浙江省與蔣公同鄉特別驕傲，殺朱拔毛的軍人普遍得到敬重，軍公教子弟有各種福利，我們一般人並沒有，所以一填表，馬上分了階級（但幼小時並不懂其中奧妙）。

小學時我的祖籍原本填台南，後來不知何種心態漸漸改成福建……感覺這樣才是正道。小時候，這一欄我永遠搞不清楚該填什麼？身為小孩不太會追問，家族長輩也從不在意來自哪裡，長大後曾經為此事追問過父親，爸爸也不確定爺爺的爺爺來自哪裡？有一天我在整理家族文件時，驚見我爺爺的爸爸名字叫做廣東！（福建？寫錯了吧！）

總之家族長輩不在乎祖上來自何處，我從小完全沒聽過討論血統這一類的事情，或許是西拉雅族？或許更早之前早已混過數代。一格簡單的籍貫，背後拉出來的是一段龐大的歷史紛爭。

這一格，小小的一格，就把解嚴開竅之前的我限得死死的。父母的職業欄在好久之後，我才了解生意人也可以是企業家，對社會的貢獻不會少，工人也稱為技術專業人才，勞苦不能當作唯一形象。一直到離開學校，沒有教育了，我才逐一開竅。

我開竅得晚。所以我不想讓孩子在學生時代被表格影響，一旦我看到難以填入真實內容的表格，會支持孩子放棄填寫。

比如小學生的生活表格，早晚刷牙要登記、喝水要計算幾CC、運動算時間……這對孩子來說完全不實用，最後一定在交表格前一天唉唉叫，有些孩子因此嘗試了第一次作假填寫。

左頁這張圖，是兒子新生訓練收到的表格。現在的學校表格，整體上多了許多細膩的題目，籍貫亦早已不存在。但是如果有孩子不能回答的問題，我寧願孩子不填寫，也不要作假。（紅色的圖是我看到表格時的反應。）

有一欄詢問「你最難忘的事」，事實上大人很愛問這一題，作文也經常出這個題目。兒子小時候曾告訴我：「媽媽，我中午吃什麼都忘記了，哪記得什麼事？而且我才八歲，

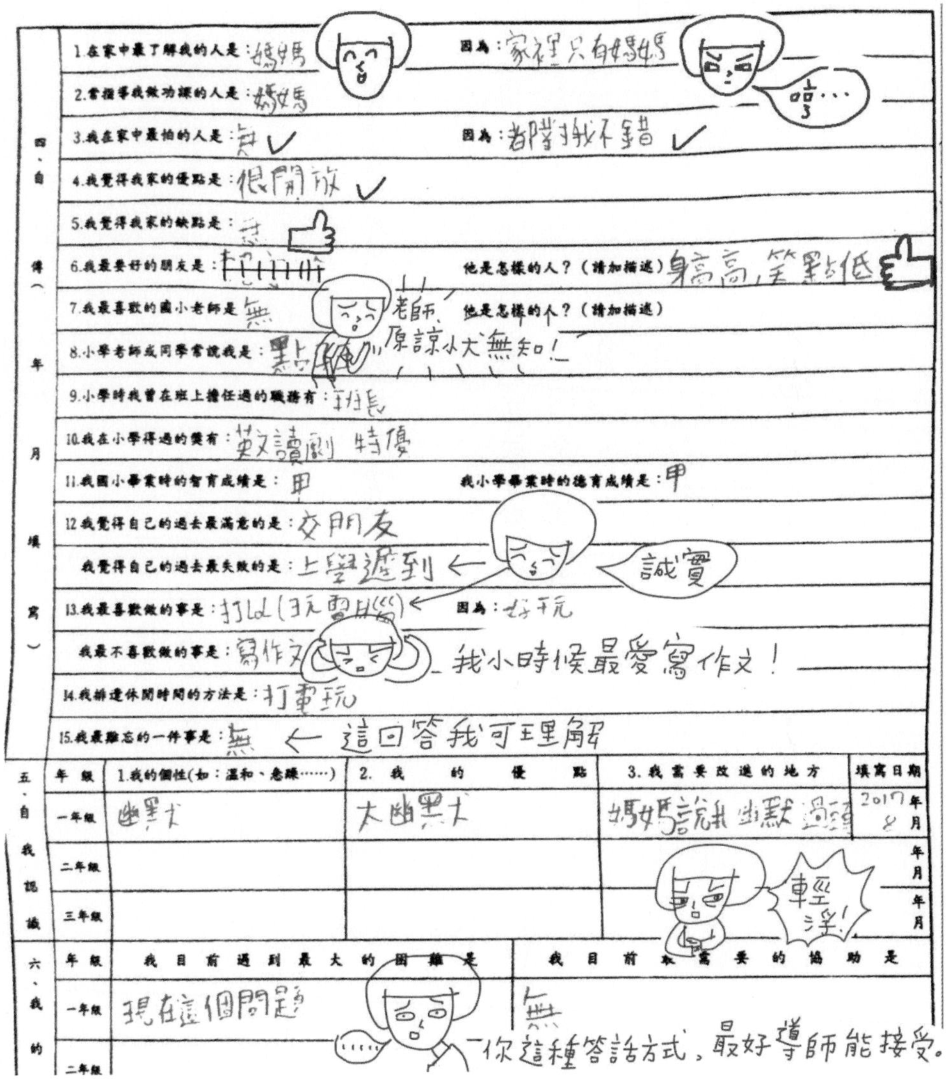

四、自傳（ 年 月 填寫）

1.在家中最了解我的人是：媽媽　因為：家裡只有媽媽

2.常指導我做功課的人是：媽媽

3.我在家中最怕的人是：無 ✓　因為：都對我不錯 ✓

4.我覺得我家的優點是：很開放 ✓

5.我覺得我家的缺點是：無

6.我最要好的朋友是：~~[crossed out]~~　他是怎樣的人？（請加描述）身高高，笑點低

7.我最喜歡的國小老師是：無　他是怎樣的人？（請加描述）

8.小學老師或同學常說我是：點

9.小學時我曾在班上擔任過的職務有：班長

10.我在小學得過的獎有：英文讀劇 特優

11.我國小畢業時的智育成績是：甲　我小學畢業時的德育成績是：甲

12.我覺得自己的過去最滿意的是：交朋友

我覺得自己的過去最失敗的是：上學遲到

13.我最喜歡做的事是：打LoL(玩電腦)　因為：好玩

我最不喜歡做的事是：寫作文

14.我排遣休閒時間的方法是：打電玩

15.我最難忘的一件事是：無

五、自我認識 年級	1.我的個性(如：溫和、急躁……)	2.我的優點	3.我需要改進的地方	填寫日期
一年級	幽默	太幽默	媽媽說我幽默過頭	2017年8月
二年級				年 月
三年級				年 月

六、我的 年級	我目前遇到最大的困難是	我目前最需要的協助是
一年級	現在這個問題	無
二年級		

哼…
老師，原諒小犬無知！
誠實
我小時候最愛寫作文！
這回答我可理解
輕浮！
你這種答話方式，最好導師能接受。

我活的時間很短，沒有最難忘的事。我不知道要寫什麼？」聽他這樣一說，我立即感受到孩子的難處，大人所詢問的事項，對孩子來說非常為難。

到底大人期待孩子回答什麼呢？最難忘的一件事，一定得要「想念阿嬤多疼愛」、「阿公的微笑已經上天堂」這一類的緬懷嗎？記得當初我要兒子回想昨天香皂掉進馬桶裡的感覺，把徒手從馬桶中拿出香皂寫成文章。但這並不是偉大的回憶，也不是傷痛的印記，拿來填表格，明顯不適當。所以每次遇到最難忘的一件事，都是空白或是無。

如果拿這一題來問我，我也答不出來。

表格並不好填寫，搭飛機入境他國的時候，即使已經有多次旅遊經驗，每次填表，每次還是有些疑問。不過我已經逐漸適應（了解）表格的要求與用意，但小孩還有一段路，希望孩子今後在有形無形的表格中都能跳脫限制又符合需求；能懂得表達真實，或許……有時候也懂得隱藏真實。

媽寶的養成

孩子在嬰兒期、學齡前，到上小學、上國中……每個階段都有不同的勞累。孩子慢慢長大、變得懂事，我也逐漸覺得輕鬆，感覺正在收割。

但是，如果我家是一間透明的房子，從旁走過的路人皆可一瞧，路人若是左右徘徊停留十分鐘，我相信我會得到這樣的批評：「什麼都讓著孩子，什麼都順著小孩，媽寶就是這樣來的。」

路人的意見只是十分鐘的一瞥，但我們與孩子的互動是好幾千個日子無時無刻的相處。我不知道別人如何帶孩子，但我很清楚自己與小孩互動的方式。親子之間有很多需要琢磨的地方，路人如果剛好看到地獄的過程，他們不會知道天堂的結果。

有一陣子，我要求自己絕對不可以說出「你這是什麼態度！」我不希望自己陷入無效的憤怒，每次對孩子的態度不滿意時，都要好好說明該怎麼做，而不是以高高在上的姿態批評「孩子的態度」，因為孩子正在學習什麼是「好的態度」，我更不能不理性的憤怒，身為家長，在情緒的控管上要示範給孩子看。

但，你已經控制了自己，好心好意地對待孩子時，他的態度還是很差，這時你會更氣！（我姿態都擺這麼低了，你這是什麼態度！）對，原本好不容易蓋上的怒氣鍋蓋，再度被掀開，此時已經不是冒煙，而是快爆炸了。

可是，不行的。我們要跟自己說，就讓孩子的態度停在很差也無所謂。盡到父母叮嚀關照的責任即可，我們示範了好的態度就已經盡責，不要求孩子立即改善。因為這一點一滴都將在孩子的記憶庫裡刻上痕跡，家長的行為模式無形中將成為孩子學習的對象，即使現在看不出影響，以後多多少少會顯露出來。

我必須這麼相信著。

有一陣子，我嘗試在嘮叨孩子懶散、拖拉之前，先說一句噁心的話——「兒子，媽媽愛你喔！」然後把憤怒的話語改為溫和或稍帶戲劇成分的關心。

比如：「兒子～～媽媽愛你喔！」「明天要出門的東西你收了嗎？我不能幫你收耶，可是我又不想要你明天出門缺這缺那，你會很麻煩喔！」

但原本我的話語應該是這樣：「你怎麼還在玩？講不聽嗎？每次都不收自己的東西！好，你要這樣，我才不理你，明天你東西找不到就不要怪別人！」

小學一直到五年級之前，我很容易對孩子說出這樣的話，但是我發現這是無用的，孩子習慣陷入一種被動狀態——必須被罵之後才會動一下。家長先開口罵，然後孩子動一下，再罵，再動一下。整個過程就是負面語言與負面行動彼此對抗，這樣不行，我告訴自己不能養成這種互動方式！

題外話，我一個人有辦法推一組一百二十公分寬、二百三十公分高的衣櫥，從東牆推到西牆，用力一次動一尺，整組衣櫥推好就位，前後也不過十分鐘。奇怪了，小孩才幾公斤，我推都推不動！

「改個方式吧，自己生的小孩還是得用自己發明的方式，推衣櫥得來硬的，但兒子不是衣櫥。」

心念一轉，來個軟綿綿的噁心。

「兒子～～超愛你的，便當盒拿出來洗了嗎？」

「好啦！哉啦！」

噁心幾次之後，便當盒就拿出來洗了。

有時候我突然對兒子說：「你知道一個祕密嗎？」

「什麼？」

「媽媽愛你。」

「嗯，知道啦！」兒子淡淡地回答我，不予置評的表情，因為這題已經演練太多次了。

「那快去睡覺，明天晚一點起來。」我說。

兒子馬上回我：「不行，一定要六點起來，不然會遲到！」

「好，那你要叫我起床，不然我會睡到七點。媽媽愛你，我一定會幫你做早餐。」

每天都來一段噁心的對話，變成一種樂趣。也許是我們母子都剛好可以來一點半真半假的戲劇表演，當我對他有要求時，這樣的表達方式逐漸成為一種默契。

「教孩子不一定非得要教到他服從了、學會了才罷手。」這一點我跟爸爸阿福是不同的。他教小孩就要孩子立即聽從、動作就位。父親說出來的話，孩子必須馬上到達他想要的程度，孩子必須聽話服從才會鬆手。

因為阿福自己的成長體驗是這樣，當他媽媽被他氣得半死的時候，爸爸過來甩一巴掌，一切被視為惡意的行為就停止了。所以阿福的心裡認為自己在青少年時沒有變得太壞（有一點壞而已），都是因為父親的巴掌。

其實我對於這種說法非常不同意，我的成長經驗從不會因為父母的嚴厲責備（或懲罰）而順從。事實上，我的父母也極少嚴厲，更沒有打耳光這種事情。或許我跟阿福在本性上差別極大，青少年期的惡質的程度不一樣。我小時候只是嘴硬而已，但他可能真的做太多讓父母擔心的壞事，把父母搞到抓狂。

家家有自己的教養運作模式，而這些也都是過去式了，沒什麼好爭辯。直到我們都成為父母，養了同一個小孩，在教養孩子的方式上有許多相異的細節，就和文化差異一樣，只能互相接納對方，卻未必由衷地認同。

兒子小時候，我多少會妥協著應付阿福爸爸的作法，（家長態度必須一致，這一點很重要，但是通常是溫和的一方降低姿態向強硬的一方妥協，這樣並不公平。）時間一拉長，我體會到教養方式不得妥協，妥協之下變得沒有準則。

要就A，要不就B。A有A的好處，B有B的好處，看孩子特性來選擇，才是好的方法。要妥協，也是跟孩子妥協，而不是兩種方式混合使用。若父母雙方的教養方式表面配合，但內在的核心觀念卻迥然相異，孩子的行為會失去依據——這一點是我個人的體會，如果您的家庭並非如此，請勿學習我的方式。

後來和爸爸阿福分開生活之後，開始逐漸感到我能用自己的感受掌握孩子面貌，無須顧慮他人意見，全盤以自己的作法來處理孩子的問題。孩子半年半年地進步，一年一年地看到轉變，我了解那軌跡如何行進。所以我常覺得一個人帶小孩是一件非常美好的事情，不覺得無助，反而有完全發揮能力的成就感。

當然阿福爸爸相當相信我，不會挑惕我帶小孩的毛病。他一直認為我帶小孩很有專長（只是與他不同），當他堅持孩子該如何如何的時候是非常嚴格的，加上男人只有想當爸爸的時候才當爸爸，累了、煩了，他只管自己的感覺，根本不想管孩子的事情。如果讓他跟孩子天天相處，大家壓力都很大。如今只有假日相處，爸爸反而覺得自己不必擔任管教的責任，只需陪小孩玩、讓孩子高興。此時吃好喝好，什麼都可以，阿福爸爸會玩得很上道，孩子反而因此很愛他。

但是沒有任何一個人能無時無刻完全保持溫和理性，即使我對孩子的寬容度很大，但是在我感到身心俱疲的時候，也無法控制因一點小事而易怒、失去判斷。

所以當工作大量湧進時，我通常先跟兒子說：「媽媽最近非常忙，會忙上兩個月。如果你能體諒我的話，盡量不要觸怒我。如果我不小心罵你，是因為我累了，你要學會看出媽媽的累，並且要告訴媽媽，不該拿你出氣。」

我允許孩子有指正大人的權利，重點是我願意聽，並且改善。小福如果願意在生活中保持看媽媽臉色的警覺，好心好意對我說出指正的意見，可以令我立即氣消，還會跟他說謝謝，謝謝他對我的提醒。

昨天騎機車載兒子出門，剛好遇上下班車潮，一路上我一直對他生氣，一下子說他位置坐得太後面、還舒服地躺在後面的背靠上，使我重心不穩；一下子說他位置坐得太前面，害我的雙腳沒地方放，使我無法好好控制龍頭方向。在後座的他聽著我的叨念，一下子往前移，一下子往後移，配合我的責備，完全沒有頂我一句話。

我一邊騎機車，一邊覺得自己過分。他大可反彈地說：「媽媽你騎機車技術很差耶！」「到底要我怎麼坐？」「是你的問題還是我的問題？」但他選擇不讓我更生氣。

我一邊騎車，一邊感受到孩子正在體諒我。

媽媽常讓我
先打完一局遊戲
才發表意見，她不
會在我面對敵營
攻擊時還在旁邊
囉唆應對進退
的道理……
我只是讓媽媽
好好面對馬路的
戰爭，讓她先把
這一局打完。
meiyi

體諒之心，是否因為長久的互動而培養出來？平常我以溫和的方式回應孩子的任性，理解他熱衷於自己的興趣，願意給他轉圜的空間。是否他從我這裡學到與人相處要多一點寬容？

孩子對媽媽的體諒之心，目前的確長出良好的樣貌。他知道面對混亂交通的人是我，馬路不平路障一堆也是媽媽在閃躲，這時就是該配合媽媽的意見為先，什麼話都先別說。

回到家中，我自己跟他招認：「媽媽騎車技術真的不好，剛剛大多是我自己的問題。」接著再來點噁心的讚美，我加上一句：「兒子，你人真的很好耶，剛剛你的反應都有幫到我。」

生活的實務面不知不覺地讓我們彼此做各種調整，讓孩子幫助媽媽，不需要特別上課，我從沒告訴孩子要「孝順」父母，也不講二十四孝之類的故事。生活中有太多彼此改善的機會，一次一次的反覆練習就可以了。

昨天的機車小事，讓我感覺到我們再度把親子合作的關係往上推一格。（這件事是我太機車了。）我們輔助孩子，孩子也會輔助我們，親子應該是在平等的階級。

這使我想到兩種不同的說法。有人主張跟孩子建立朋友關係，有人主張親子不該是朋友關係。說實在的，我比較贊同前者。但「朋友關係」是逐步建構的、有階段性的，是親子共同形成，非家長一方可以決定的。

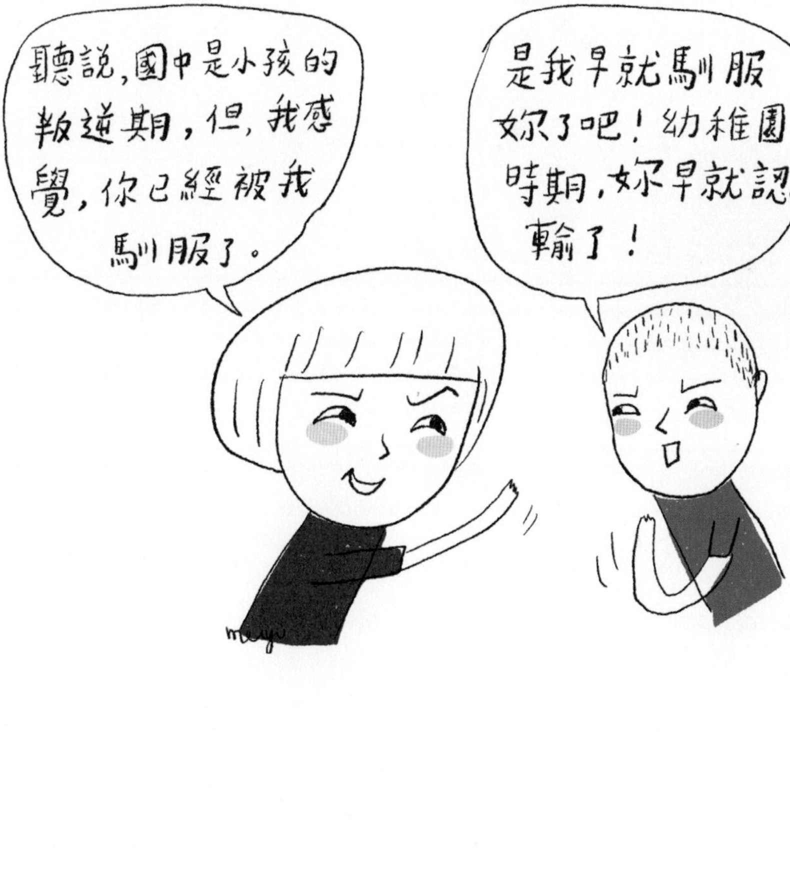
聽說，國中是小孩的叛逆期，但，我感覺，你已經被我馴服了。
是我早就馴服妳了吧！幼稚園時期，妳早就認輸了！

與兒子自然形成朋友關係，並不是我決定這樣做，那是一點一滴在互相付出中得到的結果。親子一旦形成朋友關係的時候，也是雙方都在成熟相待和平共處的階段。

小福畢竟還有許多缺點，我不是從此認為自己的孩子有多好，其實他的同學當中，有不少比他更體貼父母，我兒子還差很遠。只是當兒子從不體貼變成體貼，這一段路雖然走了很久，但令人感到非常值得。

其實當時我一路挑剔兒子向前、向後坐是有原因的。後面說明一下前情，脈絡會比較完整。

當天在上路前，我把車子從擠得半死的車陣中拉出來，車子在人行道上，我必須從人行道和馬路的小斜坡騎下來。當時兒子已經坐在機車後座。

機車在馬路上非常弱勢，我從小斜坡上催了油向馬路騎過去時，一直有汽車違規右轉，又有汽車停在紅線邊邊，使我非常難前進。好不容易抓到一個小空檔，我再度小小催油前進半公尺時，突然一個行人走過來，我只好再煞車。其實這都沒什麼，只是我沒料到斜坡並非完全平整。

我一停下來，雙腳落地，一腳踩空。連車帶人往左傾倒。但是當時兒子的腳還落在人行道上，所以傾倒的時候有兒子的腳撐著（幸好，他現在腳很壯），車子傾斜時，只有我摔下去。實在太丟臉了，我趕快站起來的時候竟沒站好，又摔了一次。

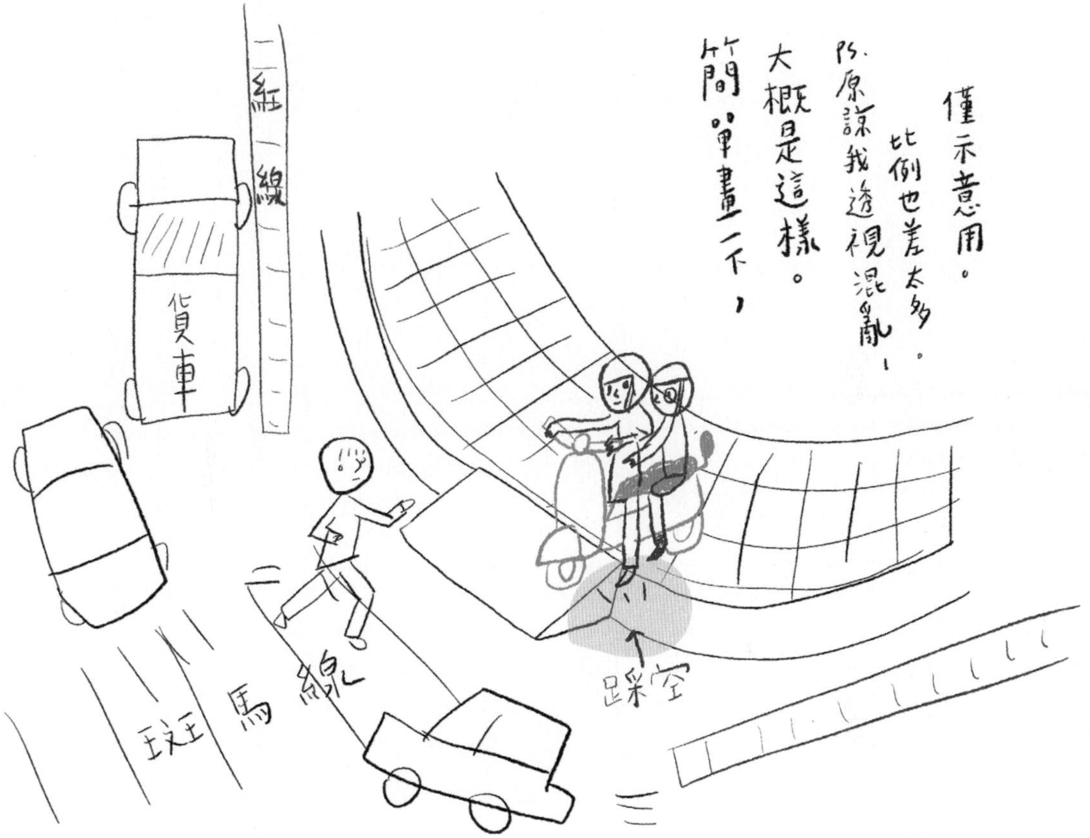
僅示意用。
比例也差太多。
PS.原諒我透視混亂！
大概是這樣。
簡單畫一下，
紅線
貨車
斑馬線
踩空

兒子一直問我：「媽媽你還好嗎？」「有沒有怎樣？」我一句話都沒回答。因為我氣那幾台違規右轉的汽車、我氣停在路邊轉角的貨車、我氣突然衝出來的行人！我氣！

然後我聽到兒子說：「媽媽快點，我快撐不住了。」聽到這句話，我趕快站起來回到機車上。兒子知道我很不高興，但不知道我有沒有受傷，所以後來一路上都很安靜地配合我。

父母無法有良好的情緒，常常是因為大人得要面對社會上大大小小的問題（比如斜坡不平整這種小事也能激怒人），我莫名怒火不該讓孩子承擔，但是孩子卻能體諒，這讓我感動萬分。

事實上我剛好摔到肉最多的臀腿側邊，完全沒有受傷。不過這次事件也讓我知道，以後騎車遇到斜坡或是左右不平的路段，一定要非常小心。

我最難忘的一件事

想講一件事，是關於對孩子觀察後的信任。

兒子小時候我們住在法國的老公寓裡，是一棟外觀簡樸、七〇年代的普通建築。因為有七層樓，所以這建築物有電梯設備。在七〇年代就設置的電梯，到二〇〇五年之後，已經是相當過時的老電梯，門很重，無法自動開門，得自己用力撐開。打開之後也沒有卡停點，必須人力頂住，直到所有人進去或是出來才能放手。

電梯的規畫充滿了左派的氣息，講究權利均等、公平。因為是簡樸的公寓，建築師應該是想盡量節省經費，所以電梯並沒有每層樓都停，當初的設計是兩層樓共用一個電梯入口，如此只需要開五個進出的電梯空間。

電梯出入口就設在每個半樓間，不管是哪一層樓鄰居想使用它，都得爬上樓或走下樓。家家戶戶都要走半層樓+半層樓，沒有人可以有特權從自己的住家的樓面直接進電梯。（我算過，半層樓是八個階梯，所以總共十六個階梯。）

當我們住進這棟公寓之後，才發現進出都有點困難，買了大東西、重物，得先扛上半樓搭電梯，出來後還得下半樓才能進到

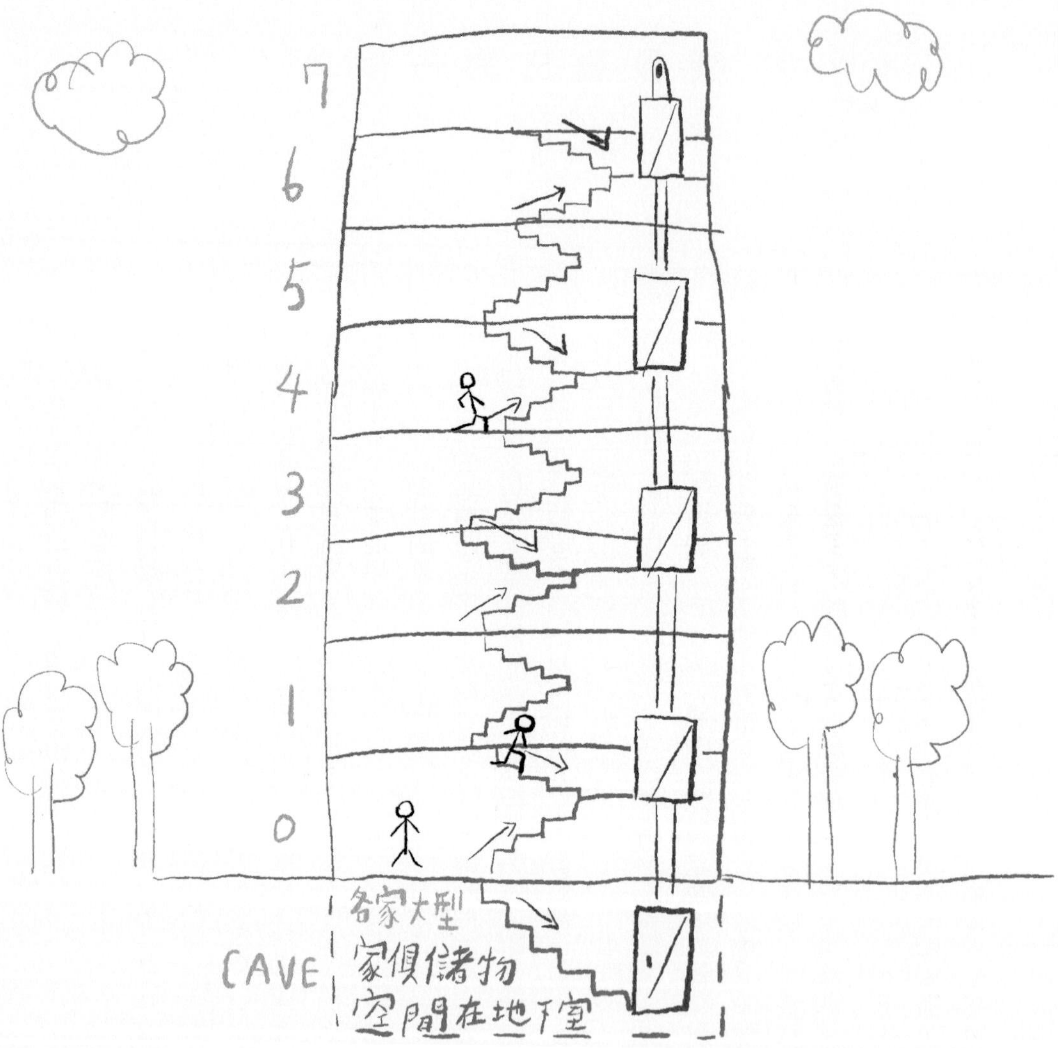
7
6
5
4
3
2
1
0
CAVE
各家大型
家俱儲物
空間在地下室

這其中，
有許多技巧…
上、下樓腰腿
施力點不同
先打開，
擋住。

家門口。尤其是坐輪椅的老人或是推車裡的嬰兒，進出都要相當費勁。（現在想來，電梯在半樓進出雖維持了公平，卻達不到方便的目的，對眾人來說都是損失。）

在小福還沒能走路之前，我出門買菜並非推著嬰兒車就能平穩地出門，得先「跋山涉水」度過電梯關，到地面層還沒輕鬆，公寓的進出一樣是推開後沒有卡停點的笨重大門，我必須手眼協調地推門、提物、足尖擋門、推車，然後趁門緩緩關閉的那幾秒間，趕快把兒子推出去！出一次門，一定得如此穿越重重障礙，我們母子才能順利走到社區外的馬路上。

在法國的生活，餐餐都得自己煮，冰箱食材更新輪換的速度快，一週我至少買菜兩次，除了生鮮食品之外，還有葡萄酒、牛奶、各種罐頭。每回出門買菜，回來手上不是兩大袋，就是一大車。可以想像買完菜的返家狀況比出門時更艱困。推門入內加上樓梯和電梯，每次都必須以十足的耐性面對。直到小福逐漸學會走路，孩子可以自己爬樓梯，情況稍好，但還是免不了得提多袋重物和笨重大門搏鬥。

就在那時，我發現了一件事。而且就在孩子剛剛會走路、還走不穩的時候，我看見孩子天生的、能應對環境的警覺性！

因為門很重，我必須放下幾袋重物，然後在包包裡掏出鑰匙開門，用腳頂住門之後再把包包背好，接著拉長身體先頂開門，提一部分採買的物品進去；在自動緩閉的大門闔起來之前，再衝過去將門打開，快速地把剩下的物品提起來，然後將孩子拉進來；或是再頂住門、喚孩子快跟上。

在大門的快開緩閉之際，我指示孩子在公寓門口站著等我。有一次我速度太慢，要衝過去頂門的時候，我看見兒子焦急的表情，就在大門快要關閉的那一刻，一歲半的兒子伸出他的小腳踩住閉門的縫隙，止住了玻璃大門的關閉。

這樣短短的一剎那，卻讓我感到非常驚訝。一個才出生十幾個月的小孩，如何警覺到這一切？如何在緩閉節奏中掌握了最後一秒的機會？他的靈魂已經警覺「危機」這種概念嗎？他已經知道「應對」的方法嗎？他如何運用自己的腳在巧妙的剎那為自己解除焦慮、解決問題？才剛會走路且搖搖晃晃的身體竟能運用肢體，他應該已經在腦中迅速地整合一切訊息，做出判斷。

對世界並不了解、毫無生命經驗，且對自己肢體還無法控制的孩子，還是有他天生的能力。那一剎那，我對於「孩子」這種生物，頓時充滿信心。

一歲半的兒子居然自發性地伸出小腳幫我檔門（上圖），下圖是他十一個月大的時候在公園的模樣。

父母能事事教導當然很好，但父母最可能帶給孩子的是一種「情境的創造」，讓孩子自發地體驗圍繞在父母周圍的情境，這可能比熱切教導更能引發他們天生的能力。

當時我就對自己說，不一定要傳授什麼精確的教養才能把孩子養育成人，我們沒有教到的部分、照顧不到的部分，孩子仍有自己的能力去面對。所以一直以來，我不太受各種教養說法的影響，我比較喜歡站在「願意相信孩子」那一邊，以欣賞的角度來看待生命茁壯的方式。

擋門童

由於兒子從出生之後就知道「門」給人帶來的困擾，再加上我發覺他對於擋門這件事已經內化為個人責任（媽媽在搬東西，所以他必須不讓門關起來），所以接下來的日子，我便自然地將擋門的工作交給他。

不到兩歲的小福每次總是能讓我當成「活動門擋」，走到哪裡就喚他擋到哪裡。

出門擋電梯，下樓擋大門。不只在家裡，到外面買菜或是活動時，只要是我手上有物品無法同時開門又提物，我總是喊一聲「擋門」，兒子就知道趕快走到門的另一端好好地站著。

在公寓進出時，經常不只有我跟兒子，還會遇上鄰居。一個兩歲小兒主動走向門的另一端當起門擋讓大人順利通過，看起來就是「教養良好」的模樣，所以他常獲得鄰居的讚美與感謝。

「C'est gentil. Merci!」（你真好，謝謝！）鄰居會低下頭跟小福講這句話。

他人讚美孩子，就好像我也同時得到肯定，這對一位活在異鄉的外籍媽媽的確頗有鼓勵之意。

擋門這件事，兒子從小已經內化為一件「該做的事情」，隨著他逐年長大，也絲毫沒有改變，回到台灣也一樣。

說到開門，相關的禮節在法國是一件滿重要的事情。法國人的門大多沒有什麼自動開關（除了大型超市），許多老建築的笨重大門都需要人們用力推開才能進出。第一個推開的人絕對不會馬上鬆手，會禮貌性地回頭望一下，如果後面馬上有人跟過來，他們一定會稍微撐住幾秒，讓後面的人接手。

接手的人也一樣回頭望一下，如果還有人就快要走過來，也會等到對方抵達，才把推門動作交棒給下一個。這樣的社會行為，不管是熟人、陌生人都一樣。如果後面來的人是推嬰兒車的媽媽，或是腳步蹣跚的老人、奔跑的小孩，這個推門者甚至會一直把門擋到行動需要照看的人順利通過之後，自己才跟在後面走過去。

我不敢說法國人百分之百都會這樣做，但是「推

門後注意後方是否需要幫忙」是一種社會禮節的共識。我一個台灣人，馬上體會到這是一個非常好的習慣，是人與人之間不用言語又能彼此給予方便和體諒的方式。（對了，別人幫你撐住門，你要說一聲「謝謝」，這也是基本的互動禮貌。）

台灣人生活的環境中有許多自動門，進便利商店買一瓶飲料，門都自動幫你開好好，電梯也無須腳推、手頂，因此相較之下我們不太在意「幫後面的人看一下是否需要協助」的基本禮貌。（台灣人已經很有禮貌了，但就是這一點比較為人忽略。）

兒子剛回到台灣時，一樣會不自覺地做擋門工作。比如電梯打開，他會先用手擋住其中一側，讓門無法自動關上，因為他內心有一絲小小的恐懼，怕進出的人被突然關起來的門夾到，他不自覺地做起電梯小姐的工作。

直到他知道台灣的電梯門有設定固定的開門秒數後，才逐漸沒有那麼緊張。

台灣的公寓大門多是很大片的不鏽鋼門，通常有緩閉油壓裝置，但是只要一卡上就鎖起來，後面的人必須再度拿出大門鑰匙才能開門。兒子只要進出公寓，也會維持著幫鄰居擋門的工作，我覺得這個習慣很好，也給鄰居帶來好孩子的印象。（雖然這樣做不是為了給別人評價為好孩子，但被欣賞讚美，還是一件很愉快的事！）

有時候我們已經開門進去，剛好一位鄰居騎摩托車回來，兒子也會停留一下幫對方擋門。像這樣的開門關門，讓小孩與鄰居有自然的互動，這對害羞的兒子滿有幫助，他與陌生人（或不熟）可以比較順利對話。

騎車回來的鄰居進來的時間若是拉得不長，加上我們也沒有尿急之類的緊迫，兒子和我也會稍微等一下，與鄰居一起搭電梯上樓。我們家公寓住戶不多，要遇上同電梯的情形不是天天有，幾天一次，保持禮貌，對我們無損。事實上並非多麼刻意等待，太刻意也過於矯揉。經常只是多等三秒而已。但是這三秒，卻讓即時趕上的鄰居心裡感覺被尊重，由此而建立和睦的相處。

我兒子從小就是擋門童，我很喜歡他這樣的角色。不需刻意教「尊重他人」、「和睦相處」和「禮貌」，小孩知道如果不把門撐著，後面的人可能會被突然放下的大門推倒、夾到（喜劇片常看到的橋段），推嬰兒車的媽媽會困難重重、提重物的大人無法順利通過……這些都是生活情境中孩子能體會的事情，讓孩子在情境中學習，是最自然的家庭教育。

媽，我不知道他要不要進來耶？
你可以問他一下，如果要進來，但還需要一段時間，那我們把門卡在不會鎖住的位置！

國小畢業，自學告一段落

六年級下學期自學，我一直認為是初次嘗試自學的好時機，這個時間點，是一個大膽又保守的選擇。

因為整個小學該學習的知識差不多告一段落，即使少掉六下一學期的教室課程，孩子的知識程度並不會有太多差別。反而利用不須上學的自學時間，我們可以加強過去覺得學習不夠深入的部分，也可以向上挑戰更高的領域，或是橫向尋找學校課程之外的興趣。利用一個和體制脫軌的學期，來觀察孩子在沒有學校要求的時候是否有自主學習的主動性，感覺非常值得。

脫離體制看起來有點大膽（我真的只是一個平常的主婦，知識不特別豐富，對教育也不特別有研究），而且我家的自學只有一個學期，可說是大膽中最保守的！

你問我結果好嗎？也說不上好到什麼程度。壞嗎？也壞不到哪裡去。一學期的教育實驗，在我自己看來，是相當安全的作法，時間短暫，實在看不出完整的成果，有點像蘸個醬油，嘗嘗味道而已。

但，總是要嘗過味道才知道哪種鹹或哪種甜更對自己胃口；蘸醬油或不蘸醬油，也要舔過一遍才知道怎麼調配能增加食欲。

小福六下的自學，在小學畢業典禮之後算是告一段落。我忘了六年級下學期其實不到四個月，非常短暫。雖然非典型實驗教育不一定要參照學校的行事曆，只要依照自己設定的課程表去執行。但是我兒子跟同學非常親近，一個星期有好幾天跑學校，等同學放學就去學校打籃球，同班同學的情誼在自學當中還是繼續維持。

所以當同學考完畢業考（六月一日、二日就考完了），他在家的自學心思也差不多亂掉了。同學約他去學校參加同樂會他就去，畢業典禮的表演節目他也跟著排演參加，同學約校外教學他也去，同學約看電影、約游泳、約去同學家混一天他都要去。所以自學到六月，只剩下法文課持續進行，他自己的英文翻譯偶爾還做，大多數時間跟所有畢業生一樣，就是玩玩玩！

六月已經到尾聲，我來說說「初嘗醬油」——自家的、如實的、不加掩飾的自學心得，有以下幾點：

時間

一整個白天時間很長，當孩子喜歡做一件事情時，他可以一直深入探索，不必因爲下課時間到了而停止。

♥數學課，為了完整通過一個階段的測驗，孩子會花上一、兩個小時，像忘記時間一樣，一直繼續做下去。

❤英語課相同。每一節我只安排一小時，但是通常孩子都會主動地完整做完一個單元，通常超過一小時，很自然地進行到單元結束，從未抱怨時間已到卻做不完。

❤因為時間很長，所以當我沒有辦法盯小孩的時候，他該做的課程做完之後，其他時間就是流連網路，玩電玩、看影片。如果我一直盯他，我自己會很累，無法工作。我有其他接案子的工作要想、要寫，不是閒閒在家。

❤「時間很長」很好、很自由，可沉浸在喜歡的事務。比如兒子睡前突然想到一個「很棒的電玩造型」想畫下來，一畫就畫上兩小時，因隔天不用上學，我個性也鬆散，很難制止他。該制止或是任其自由，這一點讓我相當掙扎。我自己是兒子自學的監督者，但不太有拿捏的能力，有很多做得不好的地方。

課程

我家自學的課程只有幾項，很少，我所能用的資源不多，即使有，兒子也不見得有興趣，所以我只排上幾項有用的、必要的。從課程中，我觀察到小福學習的性格。

❤自學過程中，我發現孩子沒有我們想的那麼不愛讀必要的科目知識。別以為小孩似乎都要大人催逼才要讀書，在我家的自學過程（當然加上我兒子的個性），我看見孩子自己有成就感的需要、榮譽感的自我要求，也有要求完美的性格（小福說自己有強迫症，呵呵！）所以他也想讓自學這件事很酷、很帥。當初課程設計是跟小孩一起討論，所以他有一份對課程的責任感，覺得自己不能表現太差。

小福畫的車廠素描。

♥幾個月來，孩子從未向我「盧」說不要上課、不想學習。只是說好九點上課，可能九點半才慢慢開始。這是我時間規畫不夠嚴謹，我自己也得負上一點責任。但上午的課一定在上午做完，下午的課一定在下午完成。

♥上網的學習，一直有按照課程的進度，沒有偷懶。

♥法文老師以及穴道老師都對小福的學習態度諸多稱讚，教穴道的阿公、阿嬤很滿意孫子上課時的專注，這一點真沒有讓我丟臉。

♥反而是我所帶的國語，他上課時態度會比較三三八八，一直要跟媽媽唱反調。兒子喜歡我帶他國語課的方式，只是他不太尊重我這個老師，叫他寫篇作文，嘗試一些文學性的創作，總是愛聽不聽的，使我經常因此動怒。由於閱讀時間不夠多，書看得少，所以他寫作上的遣詞用字都太口語化。因練習少，國字也很容易寫錯。我應該更堅持閱讀環境的營造，但現實中我做不到（又是我自己的缺點）。

♥課程中較為動態的體育，孩子原本就喜歡，安排在假日和同學一起參加網球訓練，一直沒有什麼問題。網球課是自己走路去，走路回來，已經無須我接送。

♥汽車廠的見學，對他來講不是非常適合，因為我兒子對機械較無興趣，車廠工作也很忙，老闆讓小福在一旁觀看，有時候讓他整理工具零件（願意讓孩子摸工具，這已經讓人相當感恩）。小福大多數的時間是拿著紙筆做汽車繪圖，並沒有真正了解什麼汽車結構之類。但這一項安排，最主要的用意是讓他跟和社會人士接觸，看看年輕的哥哥們如何認真在車廠工作。我想讓兒子不要只活在媽媽輕輕軟軟的文青世界裡，要去看看別人工作時硬漢的模樣，我想這一點他多少有觀察到。

❤環保淨灘活動雖不是每週都參加，但我們很認真地參加了數場。孩子也很願意加入，自覺對地球有一份責任感。當然淨灘後可以和朋友在沙灘上玩耍是一件很開心的事情，所以他還會主動問我這一週有沒有淨灘活動。我並沒有特別加強環保方面的「教導」，甚至也沒先幫小福上什麼海洋教育的內容，就是單純自製一些工具，跟著淨灘團體去撿垃圾。我覺得這種活動（應不算課程），只要親身去做，不必特別教，孩子自己會有體會。

❤另外，進大學的法文課程旁聽，是希望快速地把兒子往成熟的課程拉近一點。其實小福還是很囝仔性，只是他的法文能力不差，法文老師也同意讓他接觸大學生正式的法文課程。我無法直說看到什麼成果，但是讓他和青年們一起上課，算是獲得一些成熟的大學校園經驗。

上大學的法文課，老是躲在最後面

困擾我最大的問題，是孩子把大把空白的時間都交給了網路遊戲和 YouTube，必須我時時提醒。

去文藻外語大學，和大學生一起上法文課。

♥我沒有能力也沒有時間帶孩子出門探索自然，從事登山、健行這類的活動，只能讓他跟我一起留在家裡，我工作，他自學。在沒有兄弟也沒有貓狗陪伴的情況下，孩子上完該上的課程之後，自然想使用網路增加生活樂趣。

♥但我願意相信浪費時間也是一種學習，所以這個網路帶來的干擾，我一直沒有堅定地排除它。小福現在非常懂得運用網路資源，不管是中文或是英文，他都有基礎的查詢能力。也因為大量經驗，他已經懂得分辨網路訊息的是非對錯，對於電玩遊戲更有他獨到的見解。

♥我試著去相信孩子的追求，不去批評孩子對這方面的喜好。如果我是錯的，如果我在這方面給他的自由過多，反正後果是孩子自己承擔，變成一個無用宅男或是視力變差，那都是他自己的事。（我用各種方法講過很多次，自己的未來自己承擔。）

最值得、最令我感到收穫豐碩的是生活上的共同責任感。

♥鋪床、收衣服、負責早餐這些小項目，小福已經有能力做到，也有屬於孩子程度的責任感。早餐缺了牛奶、麵包會主動去買，願意自己走遠一點去買好吃的法國麵包，也分辨得出買哪一個牌子的牛奶比較好喝。

♥近期我因工作較忙，會把買菜的事情交給小福。我寫好買菜的項目，他自己提著菜籃（知道媽媽強調減塑，都會自己提菜籃出去）到附近的超市採購。交代給他的事情，二話不說就出去辦，會依照我的囑咐完整地做好。這一點真的是離開學校後才做得到，如果一整天都在學校，一回到家就只想把所有事情賴給媽媽，我很難好好讓他學到這些家庭工作。

♥孩子在這三、四個月變胖了，從瘦巴巴變成有肉，甚至肉到肚子小肥（我跟他說那跟本不肥啊！）一五二公分、四十公斤的男孩每天都自我要求做二百下仰臥起坐。小福真的每天主動自動自發地做，如果有一天因故無法做到，隔天就做四百下。他想讓肚子的小肥肉消失，從他開始的第一天到今天都沒改變，都依照自己的設定去執行（已持續超過兩個月），這讓我對兒子感到敬佩。

結論

經過一整個六年級下學期的自學，我問小福：「要上國中嗎？」

他說：「要。」

我說：「一般的國中對於課業的要求很多，你能被逼嗎？你能準時上學嗎？」

他覺得自己算自由夠了，還是想回去「有同班同學」的校園生活。事實上小學在校期間，他是班上搞笑起鬨咖，周圍沒有同學似乎無法展現他的特色，每次跟媽媽搞笑，媽媽總是要他正經。每次捉弄媽媽，都把我氣得半死。他的幽默只有同學會發笑，只有同學可以跟他一起惡搞，他想回去過一過有同班同學的生活。

當然，另外一方面我並不知道如何寫國中自學的申請書，我需要一點時間了解現在的國中教育到底如何，所以不堅持孩子繼續自學，我也想觀察目前體制內國中的現況是不是像別人說的那樣。

國中階段我讓他進入體育班，專攻網球。兒子打網球已經一年，是所有運動項目中花費較高的一項。我有一種省錢的心理，以後他在學校打網球都免費，學校場地好、教練有目標，每天有兩個小時以上的訓練，對於需要大量體能消耗的國中生是一件很好的事情。加上兒子體能上願意被操（看他每天練仰臥起坐從未間斷，我想應該是可以被操練的男孩），我不想心疼他，但媽媽心太軟，無法操練他的體能，讓專業老師來訓練，當然是最好不過。

經過這一個學期自學，我自己做得並不好，由於工作和經濟上的壓力，我雖在家工作，卻無法時時關照孩子的學習，在陪伴上也顯得敷衍。但我想這也不是什麼太壞的事情，比起上學，各有優缺點，綜合起來比例應該都差不多。只是我自己有好多有趣的想法無法全部實踐，如果能專心地把全部思緒放在教育上，我可能對自己會更滿意一些。

雖然自學結束了，但暑假期間還是沒有學校的生活，我不知道上國中前的暑假到底會有什麼親子互動？讓我們一起期待吧！

在車廠幫忙整理工具。

跟同學去玩……
絕不缺席

快樂的察覺論

兒子的暑期活動只有一項，就是每天下午去參加網球訓練。從一點到五點，共四小時。

其實訓練時間很久，而且夏天很熱，要在網球場待上四小時，雖然有些陰影處可躲，但還是很熱。我光是走出門就快曬乾了，所以心中有點憂慮孩子受不了。但，我不能總是心軟，要相信教練的安排。我也怕自己不自覺地養出怕吃苦的小孩，教練要孩子待四小時，那還是先照做吧！每天吃過午飯看他一個人背著網球拍走出門……心裡仍有捨不得……

上週他一直跟我說：「太久了，媽媽，你不覺得太久了嗎？……」我回他：「嗯嗯，嗯嗯。」

我不敢多回應什麼，我要自己心硬一點，不要說太多，不要去了解太多他的感受，反正球場就是得去，真的有什麼不對勁，教練也會處理。過去我都非常體諒他，但一直在媽媽的保護下長大，可能不是好事。如果再忍住一下下，或許可以幫他突破體能的界線。

今天他去上網球，我離開家找一間咖啡館繼續我未完成的案子。捨棄了最常當作辦公室的咖啡館，到離家最近的星巴克，就

潛入
體能訓練 偷拍，
被兒子發現

在全聯旁邊。這樣我就可以在最短時間內、且在孩子訓練時間剛好結束時，立即收拾稿子到隔壁買一些蔬菜。好幾天都沒好好做飯了，吃得太簡陋，今天一定要準時做晚飯，不要吃外面。

接近五點的時候，馬上收了桌上的電腦去買菜，接著立即開車回家，走兒子最常走的路，看看能不能半路攔截他。果然在路口被我看到一個小平頭男孩背著網球拍、手裡拿著一杯飲料，兒子回頭看到媽媽的車，會心一笑，等我車子開近，他開車門坐進來。

「飲料是老師送的？」兒子上車之後，我問。

「對啊，大家都有一杯。」

「你沒有拿吸管？」

「不拿也可以喝。」

兒子在我的減塑影響下，我們盡可能不取一次性使用的塑膠袋、吸管。常常因為忘了帶飲料壺或是隨身杯而打消在外面買飲料的念頭，也常常因為沒有帶吸管，放棄珍珠或是仙草愛玉這一類的選項。當然也有做不到的時候，但能做的會盡量達成。

老師在嚴格的訓練後買飲料請同學喝，這是一番好心，我們感恩地接受，封口紙杯的飲料已經收下，那就少拿根吸管，盡一小滴滴地球人責任。兒子有盡力做到這一點，真是個好孩子。（好怕講這句，因為每次講他好，隔天就會變不好！）

回家後，兒子顯得非常開心，跟我講了一些話。

「其實累也是值得的！」他的意思是四小時的訓練很累人，但被訓練是值得的。「今天感覺很好。」四小時當中不只有網球技術的練習，還有體能練習，除此之外，要整理球場、撿球、甚至要拔草。這些事情他似乎慢慢地接受了。

我笑說：「你好像去當兵喔！還要拔草！連平頭也剪了。」

最後他跟我描述幾件其他伙伴的趣事，比如穿白色運動服的同學，在伏地挺身的時候故意整個俯趴在紅土球場上；比如兩位學長在講電玩的英雄，但角色名字搞混了，兒子提醒他們那是不同遊戲，學長說：「你也打ＬｏＬ（線上遊戲「英雄聯盟）喔？」之後就接上友誼之線。兒子的結論是：「體育班的人還滿好相處的。」

啊～～聽完，我放下心中的一塊石頭。終於交上朋友了，以後他應該不會再抱怨四個小時太長，有同伴可以在教練不注意的時候搞笑，四個小時就不覺得太長。

之前在自學期間，我發現一件事——當兒子每次按照計畫上完課，完成一個進度時，他就會很興奮。會嘰哩呱啦講話講個不停、在鏡子前狂舞或是一直來找我、鬧我！我知道他是因為達成一個目標而不自覺地開心，那種放鬆、自在又頑皮的樣子，是最快樂的時候。

但他是不自覺的。他沒有發現完成任務的自己最開心。那時我想讓他察覺自己有這種狀態，我希望他知道自己最開心的時候並不是無止無盡地玩（比如電玩），真正的開心是達成一項任務，然後可以放鬆的那一刻！

我曾經跟他講過幾次：「你知道嗎？你在什麼狀況下最快樂？」

兒子回：「你不管我，讓我一直玩。」（玩，還有什麼？就是電玩和看影片。）

但我說：「你在玩的時候並不是最開心的時候，你還有更開心的時候。」

我點出好幾次實際的狀況，無止無盡地玩，到最後脾氣反而變壞了；該做的事情一再拖延，玩雖然快樂，但玩久了，到最後並不快樂。我沒有否認他玩電玩是一件快樂的事，但是我希望他能體會「完成任務的快樂」和「一直玩遊戲的快樂」之間的差別。

我真的是一個很希望孩子能早一點自我察覺的媽媽，總是把小孩往這方面帶。或許對於一個晚熟又愛玩的小男孩來說，去察覺感受的差異是一個過早的期待，但我忍不住要提醒他，快樂開心不必然在縱欲的狀況下才會發生，有時候反而是在自我控制提升的時候。

當兒子完成任務，不論是學習的任務、家事的任務，總會出現開心的時刻，我會點他：「你很開心喔！你一直鬧我的時候就是你開心的時候。」「你可以比較一下『一直玩的開心』和『完成該做的事情之後的開心』嗎？」「有些不想做的事，用一點力去做，做的時候其實並沒有你想像的不愛做，甚至做到一半還感覺很喜歡，做完很開心。」

兒子上週一直喊累，一直到今天說出「其實累也是值得的」。我想他或許有摸著一點什麼重要的感受。或許他也試著去體會我說的這些自我察覺的方式，也或許只是男孩找到好玩的同伴。我不確定？

今天他一個人拿著飲料一路走回家，那個輕鬆的模樣，看起來真叫人歡喜。以及回家後跟我說「其實累也是值得的」，突然有那麼點成熟的感覺。孩子又上了一層樓，表示我也可以放下一些憂慮了。

銜接

記得小福五歲半回台灣準備讀小學的時候，他一點注音符號和中文字概念都沒有。甚至中文對話也只有媽媽跟他互動，那時他的頭腦裡一大半是以法文思考。

當時不管是熟或不熟的朋友，十個有八個問我：「要不要先學一點注音？才銜接得上小學。」或是「剛回來，適應上會不會有問題？語文的銜接你怎麼處理？」

那時常常聽到「銜接」這兩個字。使我印象深刻！

我完全不知道為什麼要「銜接」？小一就是銜接幼稚園跟小二的一年，進小一就是銜接了，何必在銜接上又有銜接「銜接」的銜接？當時曾讓他上兩個月的幼稚園，是讓他玩，整天可以安全地遊戲，不是讓他學注音和英文。後來，毫無問題地上了小一，完全不需要銜接。在台灣學了兩年之後，在小三這一年，我們回法國上CE2，那時我就有點擔心了。

小福的口語法文大概只停留在幼稚園，不會寫也沒背過任何單字，而且已經不是剛進小學第一年那種可以容許呆呆笨笨的年級。八歲小孩在班上已經成群結黨，你晚來，你就是在圈圈之外，語言不夠好，加上亞洲臉……只能自求多福！

的校園。

雖然心裡有些憂慮，可是當時並沒什麼「銜接」計畫，就這樣把小福丟回法國陌生

我記得上學第一天，我送兒子到學校門口，法國小學圍牆內滿滿都是活潑好動的小孩，有的打鬧、有的聊天，但這些同學，小福一個都不認識。我跟兒子一起站在圍牆外向裡面看，我心想，孩子就要自己一個人走進去上課了，他會害怕嗎？會彆扭嗎？會無助嗎？那時我很擔心他回頭跟我說不要上學！

站在圍牆邊，小福一句話都沒說，直直盯著校園。他意識到快要打上課鐘的時候，突然間抬頭跟我說：「媽媽，我進去了！」很乾脆的一句話，然後頭一仰，給我一個堅定的臉頰吻，並轉向另一邊要求我回他一個臉頰吻。再見儀式很快結束，他背著書包走進校園，回頭看我一眼就消失在人群中。

我一直都還記得兒子在那個瞬間的帥氣，如果當場有個字幕寫上ＯＳ，應該就是這樣：「反正就是死定了，╳，沒什麼好猶豫的！」

完全沒有銜接，大約一個月，孩子就跟上進度，第二個月也跟同學成群結黨了！

現在，又遇到國中階段，在自學一學期之後，我的確擔心他無法適應上學的時間，七點半對他來說真的很早。所以我建議他參加學校上午的暑期輔導，但是他不願意。

「如果要去學校，那又為什麼有暑假？暑假不就是要給我們放假嗎？」兒子不解。

我同意他的說法，他也妥協去參加下午學校的網球訓練，至少是運動，不是讀書。但是他也不要每天都去球場，一週只願意去三天。於是我們協議好，另外兩天，他一天跟我去圖書館，並上法文課（一個半小時），一天做家事（在家做，或是去幫阿嬤擦地板、洗廁所），我怕他惰性來了不遵守規定，彼此還簽下了合約！

暑假期間，我接到不少補習班來電話，不知道為什麼補習班有我們的家用電話號碼？總之每通電話來都跟我不斷提醒：「貴公子上國中需要參加先修班，銜接國中課程。」我也很禮貌地回覆：「沒關係，我們不需要銜接，直接上國中。」

兒子小學的同學們大多都參加了先修班，數學、英語是最主要的項目。所以這個暑假要約同學一起出來玩，總是要考慮同學時間無法配合。

「媽媽，為什麼要參加先修班？上學再說啊！不然我們小孩都沒有暑假了！」沒有朋友可以隨時相約，小福只好埋首網路，因為那裡有線上朋友可以一起玩遊戲。真實的空閒時間裡，這個階段的小孩大多不是去學校暑期輔導就是補習先修班，媽媽忙於工作，也無法時時奉陪，就這樣，這暑假他的電玩又再度精進了！（雖無奈，但我樂觀。）

銜接？到底是為了填充孩子大把大把的空閒？還是真的擔憂他們在課業上有難以跨越的門檻？抑或是教育結構裡大人的經濟問題？畢竟很多人是依賴著補教業生存著，如果補習教育做得好，讓別人在這專業上發揮，又有什麼不對？補習教育還包含多數家長需要的安親需求！

把時間填滿滿，讓孩子照著做，的確可安父母的心，但另一面，孩子反而習慣了知識填塞以及學習的被動。這是我看到的缺點。

前兩天我臉書上一位朋友的貼文中提到，應該讓國中畢業的孩子先去學一項功夫，三年後再回來選擇讀書的項目。如此，三年後依然還在學習最佳狀態，但是孩子更清楚自己該怎麼上進，或是更加體悟自己的特質！

我非常同意這說法，這才是真正的「銜接」，把自己跟自己的人生做「嘗試性的銜接」，了解自己的性向，也了解社會的需求。台灣的小孩都太晚熟，太晚明白人生需要的主動性，若是必須在十五歲之前選擇一項「功夫」，他們會更仔細去挖掘自己的興趣，十五歲之後實際面對興趣帶來的要求（不只是好玩有趣而已），才能更加了解學習的目的。十八歲之後，要求學的就繼續求學，並不算晚，想在功夫上持續精進的，也不用再浪費青春的光陰。

問你喔，
如果小孩
可以工作，
你想做什麼？
嗯，我要
當Youtuber！
好，那媽媽幫
你買一個比較
專業的麥克風。
讓你錄音！
不要！
我能力還不足，
還要學習很多
東西。

各有不一樣的好玩

小福又恢復團體學習的生活，上國中了。

小六自學時間並不長，認真說，僅僅四個月就結束了，雖然時間有點短暫，但我們母子畢竟已嘗到自學的滋味。

這四個月，大多數狀況是半天在家學習，半天外出參加別的老師的課程（穴道、車廠見習、法文）。依照申請書上自行設計的課程表進行，若遇到臨時狀況，會機動調整課程時間，該上的課程依序執行。

孩子個人自主的時間非常長，對於小福這種慢吞吞個性的小孩，沒人催促的情況下整個人非常放鬆，意思是——想做什麼就做什麼！原本就愛拖延的個性更加嚴重。但另外一面，學習和生活都在自主中完成，填充了他的自信，時間寬鬆使他能琢磨興趣，更加確認自己的喜好。

對我而言，在家工作的時間調配也變得自由，不用趕上學或趕接孩子，我忙的時候可以喚他去買牛奶、麵包，有時寫張單子叫他去買菜，這種小小的福利，我在自學期間多少享受了一些。這幾個月小福雖沒有養成自己做早餐的習慣（這一點還是依賴媽媽），但是每次吃完飯主動收拾全部餐具和擦桌子的事情幾乎不

我可沒有人來瘋喔，
只有熟的同學
我才敢發
神經！
不熟的，
我不敢！
好啦，
我以後都不能
亂寫就是了！
國中生眉角多

用再提醒，醒來鋪床也知道是自己的責任。四個月下來，兒子增加了好幾公斤，體重計終於秤上了40ＫＧ，突然從一個瘦弱的小孩變成大腿粗壯的少年。

學校六年級下學期的課程差不多在五月底結束，六月初考完畢業考（指學校，我兒沒有參加學校考試），以前在學校的同學紛紛邀約同樂會，一同參加校外教學。小福整個六月經常回到班上排練畢業典禮的活動，放學留在學校打籃球，整個心思跟著同學歡樂起來，最後一個月學習狀況很浮動。不過，已經要畢業了，同學情誼在這個階段很重要，後面三週，我就不太在意他學習的狀況。

我可以看出小福有一種人來瘋個性，自學期間沒有同學相伴，使他瘋瘋的部分頓時感到失落。雖然說自學孩子不見得沒有同伴，但我並未讓他參加任何自學團體，在學習的時候他是自己一人，休息時，也是自己一人，所以小福的確想念學校大雜燴般的同學情誼。

媽媽，別幫我下結論！
哼！
森七七動作
最近流行森七七嘛！

上週，國中新生有兩天返校日，只到中午，下午回家都帶著同學到家裡來玩，整個人變得非常聒噪，一直跟同學講笑話，顯得很開心。回到體制內的國中，我也覺得很好，嘗試過自主學習再回到團體學習，讓孩子知道兩邊各是什麼模樣。

體制與實驗，兩種都試過，深度體驗兩者的不同，在日後不知道哪一天會產生化學變化，至少帶著這幾個月出軌的學習，在他的人生中是一種很有趣的經驗。

直到剛剛，為了確定這篇文章沒有誤解他的意思，又問他一次個人的感覺。

我問他：「你喜歡自學嗎？」

兒子：「喜歡。」

再問他：「你喜歡上學嗎？」

兒子：「普通。」

我又問：「那為什麼你願意回國中上學？」

兒子：「就是想試試看國中生活嘛！兩邊有兩邊不一樣的好玩。」

我很喜歡兒子這個答案，非常正面，兩邊都給好評。他不是因為一個人學習感到無聊而回去上學，也不是因為上學煩躁想窩在家裡自由自在，他的反應是兩邊各有不一樣的好玩。這也解除了我的壓力，因為啊，媽媽知識不夠豐富，已經忘記國中課程是什麼，如果孩子堅持要自學……

（我不知道要怎麼寫國中自學申請書！）

而且我的工作越來越需要時間來琢磨質感，如果兒子能去學校，中午我不必張羅午餐，能保有全天的「上班時間」。上了國中已經無須接送小孩，加上兒子進入體育班，網球打到六點才回家。我可以專心回到自己的工作、專心回到自己的工作、專心回到自己的工作（一定要講三遍）！這，不是我育兒十二年來所企盼的生活嗎？

（（（（（終於，這全都是我自己的時間了）））））——帶著回音的吶喊。

國中生活到底是否平順無波？我不知道？但應該是ＯＫ吧？（小聲）

返回學校

一學期的自學生活告一段落。

一直到現在我都還喜歡學習，很擔心自己倚老賣老以為已經足夠，雖然不免出現「經驗說」的毛病，但我很清楚，傳統思維的經驗說很容易掉入無用的嘮叨，這一點我盡量保持警覺。

養育小孩對我來說是成人後的二度成長，此時可以再度觀察自己的成長軌跡，也能經由孩子的反應來修正。這是為何一直以來，我對孩子既感到煩躁又覺得感恩。這種愛恨交織讓我一直維持著對親子生活的熱情之眼，我的寫作無法缺少孩子的加入，也沒有能力推開與孩子共同創造的生活點滴。

自從兒子上了國中，才幾天而已，人生的自由度大增。不必接送、不必擔心他一個人在家。萬一孩子一人在家而我無法按時準備餐食，他也知道如何加熱食物，或者乾脆去外面吃。幾次我不在家時，兒子展現了自理能力——該吃的時候吃，該做家事時做，該接電話能完整傳達訊息，該下樓收掛號時也能把重的大箱子搬上來，這給我帶來「放下擔心」的信心。

所以，已經可以把焦點一步一步放回自己身上，再度拓展個人的視野和深入充實自我，這是現在我希望能好好去做的事情。

趣味？
也看得太輕了？
只有自己能評價自己！
我就是要看得輕鬆，
認真的輕鬆。

母親角色拉高來看，每個階段都必須面對人生的自問。「我為他人付出精神，值得嗎？」「我該放下工作來帶孩子嗎？」「我的才華用來『騙囝仔』，只能這樣嗎？」「小孩教得不優秀，是我蠢嗎？」「有沒有一種最高的思考方式可以一併擊破母親的困境？」「是困境嗎？還是根本只有一個原因——睡眠不足？」

每次思考這些問題，並非一定要獲得答案，而是在心裡反覆思考辯證的過程中，彷彿自己拿著功課研讀人生。我自學，用自己的體會；我自學，不想直接填寫別人告訴我的答案。「這就是『人蔘』！」有點苦，但是有益。

像小鳥一樣飛高高、向下看著育兒路徑，母親的版圖很廣闊。鳥瞰下，我從東村跑到西村，稍微偏一下視角，3D透視裡的我急急從地下室爬上高樓，從頂層喘呼呼地再奔向地平面。

母親生活所刻畫的廣度和深度都充滿挑戰性——不，我把它看成趣味性，我不喜歡極限挑戰，既然不追求挑戰成功，就不必看重得失，一旦無得失，就會變成各種生活趣味的嘗試。

「沒有學校可以嗎？」這個提案很寬，能運用在不同的地方。

比如媽媽身分。

社會上並沒有任何一所媽媽學校讓我們學習。每個媽媽都是自學而來，自己找書、自己上網搜尋、自己詢問經驗者建議。

自學，就是這個樣子。

教養書拿來參考就好，但它並非是學校的會考，所以在教養書的建議下，若我們表現不好，不必沮喪自責，也不用劍拔弩張地摔書。

兒子的自學告一段落，已經開學一陣子，小福目前在學校相當順利。原本還有點擔心兒子會不會已經習慣了自學自由自在的生活，擔心他對體制有反抗，後來這些事情都沒有發生，甚至孩子變得更能獨立面對學校，完全不需要我插手。

所謂「插手」，並不是干涉學校或老師的作法，我還沒那種能耐，也不會這樣做。我所謂的插手，只是很小的事情，如叫小孩起床、上下學時間控制、叮嚀功課、完成作業、整理服裝需求……等。

過去在小學階段，這些事情都讓我感到煩躁，每一件事都要媽媽在一旁盯著、催著，即使到了高年級比較懂事，我還是得不斷在一旁說「ㄟ，你該結束遊戲了！」「玩太久了！」「什麼時候才要去洗澡？」「到底有沒有在讀書啊？」……

經過一學期自學生活，加上冗長的暑假。國中開學後，所有事情都轉變了！

今天上午，孩子上學後，我察看臉書，看到朋友婉琪的一篇貼文，忍不住跟著留言。

鄭婉琪：

〈獨立的人〉

做一個獨立的人，有能力照顧自己，不會常常覺得自己沒有被照顧到，這是好的關係的開始。十歲的自學女孩，因爲有比較多時間自己走著，漸漸有了獨立的能力。我一路看著她，很欣喜她今年突然就因爲有獨立的能力，情緒穩定下來。

想長大的人，而實質上還獨立不了的時候，會有對父母長輩的情緒。情緒包了外衣，批評著、論理著，想要有自己身上沒有的東西。收回來看著自己，在磨練自己中發展獨立的思考，最終要拿到的能力還是從自己身上長著的，才能讓自己有力量、減少不安。

我看到女孩漸漸因爲能夠把事情收到自己身上，不是往外丟情緒，人變得安穩也開心。

我們在帶小孩時，都會遇到要處理孩子衝突的時候。衝突大多來自於情緒。我會讓孩子彼此看到那情緒，也告訴孩子，情緒是要練習看見之後，收整。若是任由情緒發洩而不收斂，常造成傷害。上次在營隊中跟孩子說時，孩子是懂得的。

小孩其實也都不要放情緒的失態。而我爲什麼不曾對我女兒生過氣，也是因爲我知道那是情緒，講的話並不是眞的。女兒因此不會有不安，也特別獨立。

我的留言：

婉琪，我兒國中進入體制，從開學至今，我發現他改變非常大，變得非常獨立，我完全不再需要叮嚀他任何事情。不管是主動結束電玩、上床睡覺、起床、自己走路上學、放學、接受學校指派的任務，或是功課或是生活上各種清潔工作……他進入一種能完全自我掌控、不用我百般催喊的軌道上。

我有點想不通為什麼？剛脫離自學，應該不適應學校的規律，也不再願意寫功課，對考試也許非常排斥，自學之後重返體制，孩子不是應該這樣嗎？

從開學前的返校日開始，直到今天，兒子幾乎不再讓我生氣、傷神。甚至讓我感到安心，因爲他會把在學校聽不懂的國文測驗帶回來跟我討論，主動地想知道該怎麼去思考一篇文章如何作答。把不懂的地方拿來問我，這一點讓我感覺到他似乎認眞看待學習一事。

我想了想，最主要的原因是小六下學期的自學。

雖然看起來大多時間都在玩樂，但另外一面卻默默地建立了他學習的觀念——自己學、自己做、不懂的地方主動尋求他人一起討論。生活中也因爲大量參與家事操作，所以他知道媽媽爲什麼忙？哪些地方需要配合？

即使我對他有小小嘮叨的時候，他也不再出現厭煩的表情。若我的嘮叨是多餘的，兒子竟不會生氣，會直接跟我說：「好，知道，我馬上去做。」或是「好，給我五分鐘。」

我的嘮叨僅止於淺淺的慍怒，就被他的「好～」給完全消退融解。

或許是因爲年齡成長，情緒較能自我控制（咦，不是叛逆期？），但我覺得一學期自學對他有很好的調整，學習知識不再如國小時期被動（還加上厭惡以及不斷向我抱怨）。上國中之後，面對長時間的團體生活（早上六點半到傍晚六點半），回家後竟然還是一副心情很好的樣子！

從體制到非體制再回體制，自學讓我感覺眞的是超級受惠。

孩子嘗試過自主學習，接觸了兩種不同的學習方式，他知道今天到學校能得到他喜歡的環境，就該接受團體帶來的要求。小福似乎明白了這一點，也認定該自己獨立面對學校環境對他的要求。很獨立。

自學在家時間多，3C玩夠了、也滿意了，反正再滿意也就是那樣而已。電玩玩精了，知道要玩就玩好的、厲害的遊戲，哪些又是無腦的遊戲……不需花時間在上面。

線上遊戲需要多長的時間才能打完一局？他多少也能估計。所以什麼時候該關掉電腦，就該算準開始的時刻，如果必須在九點前關機，一場可能超過四十五分鐘的遊戲，就不該在八點半玩。八點半的時候就是看看一些輕鬆的 YouTube 節目，隨時都可以按暫

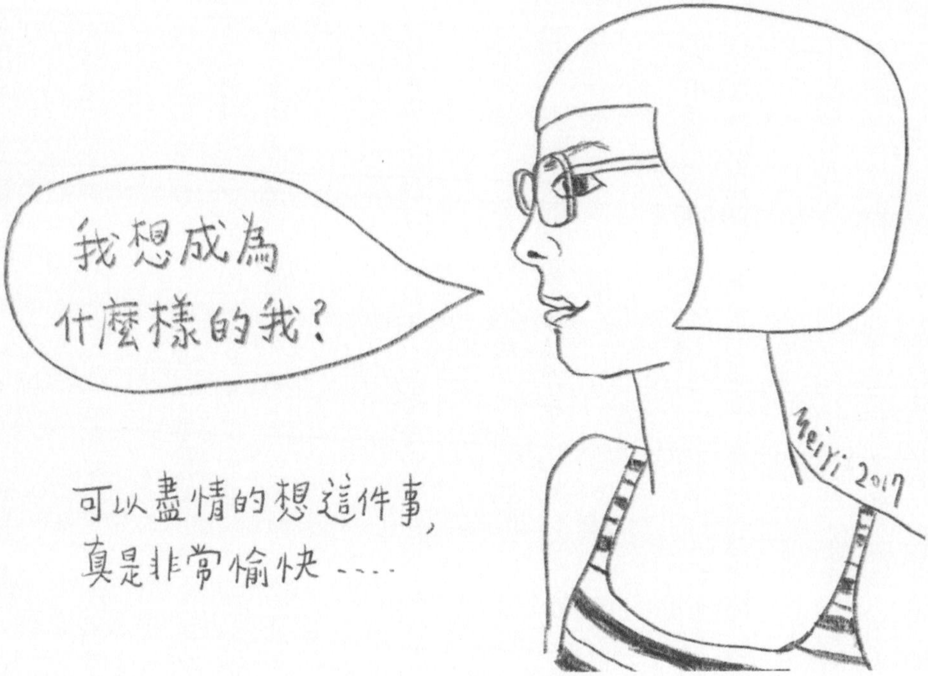
我想成為
什麼樣的我?
可以盡情的想這件事,
真是非常愉快....
Meiyi 2017

停，明天再看。在自學的大把時間中，兒子在電腦遊戲裡體會得更深，因為更了解遊戲的特質而知道如何自我控制。

（我的耐性等的就是這個結果，不想讓孩子每次都在父母的斥責聲中被強迫且不情願地關掉電腦，我想讓他自己建立一套自控的方法，以後的人生，不只有電玩令人溺，人生還有許多問題：感情、物質、聲名、金錢、懶散、自我麻醉……都使人溺，電玩甚至是所有項目中最開朗的一項啊！不拿這項做練習，要拿哪一項呢？）

兒子嘗試過自主的生活，返回體制後竟更能適應團體生活的調配。這是非常理想的狀況，我很喜歡孩子這種轉變。

往後我寫作的主題或許不會繼續聚焦在孩子身上，因為孩子已經是大孩子，可能不會太喜歡我一直寫他的事情。雖然小福一直不在乎媽媽的創作（完全不會主動看，還要拜託他看！）也不太在意媽媽把他描述成什麼樣子公開給大眾開心。但基於對小孩成長的尊重（不讓他被很多人盯著），我希望自己接下來的創作主軸不要把小孩的事情寫成焦點，天天談小孩，幾乎談了十二年，都快變成無聊的創作者了。

這時也該是時候讓自己轉個大彎，看看其他領域的風景。

我去上學了，
掰！

做為母親的我們

可以說這十二年來，我的心與思滿滿地被孩子的事情以及孩子帶來的生活型態所填滿——填滿滿、滿至每個心思的角落。尤其在我以孩子的學習為主題的專欄中，每週完整的兩篇文章（加上臉書上的雜文），今年我有一個深刻的感覺是——對自己滿意了。已經好好地當了母親的我，這一段歷練扎實地建構了我的生命。

「嗯，足夠了，帶著這份禮物來做別的事吧！」

我心裡似乎有一條蓄勢待發的新道路藏在未來的森林裡，不清楚從哪一個時間點，生命又將展開另一段旅程。但連筋疲力竭、灰頭土臉養小孩的崎嶇之路都可以走到平坦，套句台灣話：「沒有在怕的啦！」被孩子磨練過的心志，沒有更堅強的了。

小福發展成一個不太需要我叨叨念念的孩子，在外與社群團體互動時順暢流利，在內是有穩定性有自尊的男孩。我心裡想，帶著這份開朗和健康一直長大就好，遇到困境時不要被生命的難關卡住就好，媽媽沒有要求更多。

人生的際遇太詭異，有才華者不一定被讚賞，知識高者不見得有良知，富有者經常憂慮，積極追求目標者常感欠缺。所以我通常不要求孩子做社會主流價值下的供品，被制約的生命比較難過日子。我喜歡有彈性的生命，不一定要怎樣，也不一定一定不要怎樣，有彈性的生命讓我感覺自由與開心。

或許這只是對我個人帶來意義。（每次都很怕影響別人，因為我不負責別人的生命，所以請斟酌使用我的看法，它對你不見得正確。）

或許是我曾被制約過，而後發現制約下人們的瞎忙，脫除制約後無限輕鬆的感受讓我特別受用。所以我經常喜歡談跳脫主流價值的事情，或是探討習以為常的細節。我並非不清楚眾人所在意的規範和現實的考慮，甚至因為太清楚，所以有時喜歡挑戰，不在意他人意見而去做相反的事。

有一段時間、很長的一段時間，我以為當母親失去了自己，我必須配合小孩、家庭、另一半、另一半的家庭、社會期待……

但我發現，如果去掉了另一半的家庭的意見、另一半的習性以及社會對家庭的慣有框架，我竟體驗到「當母親」這件事激發了我，讓我呈現「完全的自己」。我竟然有機會能嘗試到這一步，並體會到這個好處。

我們當了母親並沒有失去自己，只是失去「做喜愛事情的時間」，減少「喜歡過的生活型態」，或者只是失去一個形象，那個你以為是自己但可能是虛構的自我模樣。你失去的只是表面的東西，那些你對自己懷疑的時刻，事實上正在提煉或是引誘真正的我如何出現。

當了母親不會丟掉你自己，它激發了藏在我們內在的真我。使人意識到「我原來是這樣的一個人」。在育兒道路上我一直有這樣的體悟，所以一路上，也希望讓孩子成為他真正的自己。

後記

逃避雖可恥 但,有用!

[我們家的一學期自學簡報]

圖、文—徐玫怡

每次別人問我關於自學的事情，我一定再度強調一遍：「我兒只有自學一個學期喔，比較像是跟體制教育請一個長長的事假！」

我家的自學比較不那麼深入，只是剛好在小六階段，感到兒子和我都需要一些時間來整頓生活，我們都需要離開固定的軌道重新調整一套方法來面對自己。那時就是感到一切都令人懶散且疲累。

我們真的很像請假一學期!
對!我們每天都睡得很飽!
媽媽睡飽就比較不會罵我!

雖然教養孩子已經超過十年，但是在教育領域我沒有太多鑽研，所以孩子的自學我只申請了一個學期。

是因為,我算是臨時起意,所以錯過了上學期的申請時間,又剩下下學期.
自學的念頭
就,突然間…
那有人跟妳一樣!六下才自學?這種家長太隨興!適合自學嗎?
?!!

自學的一學期裡，我的心態一直是順其自然，也早有讓孩子整天放空的準備。我倒是想看看孩子的擺爛會有多爛？我也想嘗試沒有學校幫我整天看著小孩，家長能怎麼做？我對這些都感到好奇！我的頭腦裡有些跳出體制的想像，但會不會不切實際？真想試試看。

在這之前，我常跟孩子提出「在家實驗沒有學校的生活」的想法，孩子也因此開始幻想自己是個每天都沒有功課的學生。

都不用上學,又沒有功課……那我不是太爽了???!!
這麼好過日子,對我是好的嗎?
我是不是要找點事做?
我會不會太特權了呢?
不然,對不起我的同學,他們都要上學?
小福的猶豫…

很重要的一點是，申請自學的過程中，我刻意把孩子拉進來共同討論自學的內容，包括課程安排必須經過他的同意之後我才會正式的寫在申請書上。

欸,你自己說的喔,早上第一堂「生活科學」是你做早餐,我是可以睡覺的喔!
好啦!
都已經可以睡到8點不用上學,還是乖乖做早餐…
那煎蔥油餅喝咖啡好嗎?

由於是孩子自己同意的課程，若沒有好好執行，責任在他身上。所以那些需要花點時間研讀的課程，時間到了，該上課就去上課。比如「數學」、「英語」這兩項他選擇了網路學習，時間一到他就打開電腦上網聽課程，不會找藉口推拖（但偶爾會遲到）。國語由我來教，法語除了一小時家教之外，我每週都很開心地以小旅行的心情開車到高雄，兒子進文藻大學跟大學生一起上課，我則趁那兩小時到處逛逛。

媽帶我去高雄上課，真的很辛苦，還要在外面等我下課。
你才知道！
其實我都當成去玩，逛百貨公司、混咖啡館……
母親不能說的秘密

每天都有固定的課程表，照表操練，課程與課程中，也安排了下課時間。

天啊
媽媽，我可以下課1小時？
每週課程
太過份了！
對啊，我是覺得下課1小時比較好，不然要玩什麼？
要玩、要休息，一定要1小時！
10分鐘只能上廁所和喝水。

兒子對課程表非常滿意，就是因為下課一小時！

他知道好好地點選可汗的數學課，把每一個單元認真讀懂，等一下就有一小時可以自由做喜歡的事情。所以即使那一節數學課的測驗很難，一直無法過關，他還是用超過預期的上課時間來答題。

你已經上了一個半小時，可以停了啦！
不要！
我要通過這一關的測驗！
固執

一天有三、四次一小時的下課時間使得全日都感到自由，學習這件事並不會擠壓了玩樂的時間。

反正下課時間很長，沒差。我要連續答對5題！
兒子變得好沈穩，都不會急躁。

他希望自己表現得很好，不想弄糟這個完美的在家學習計畫。不管是面對數學的主動還是參與英語的積極，小福的學習狀況變得很從容。網路的課程後都有一些測驗，而這些小考試跟電玩一樣，他想征服對手且達成破關任務！自學課表上每節課只有一小時，但是他常常花了比一小時更長的時間。

好了，不要再繼續了！明天還有時間！
什麼回答
不要！我有強迫症！要全部亮綠色才行！
小福，你以前有這麼用功嗎？

好好地把該學會的知識學起來，等一下就有一小時自由時間，這種鬆散的課表反而使孩子的學習更加結實。

長長的假期請完之後，兒子還是跟大家一起回到國中。身邊的親友常問我：「小福回到體制內還能適應早起上學跟大量的功課嗎？」說實在的，一開始我也不知道，也以為兒子會有一段痛苦的適應期。但是國中一學期已經過去，我見他每日吹口哨背書包走回家，我兒竟然沒有一點點不適應。

口哨聲……
回來囉
為什麼你每天都很開心？
沒什麼不開心就是開心呀！
適應得太好了吧？

每天早上都是自己主動起床按掉鬧鐘，先簡單煮了咖啡後才來我的床邊把我叫醒：「媽媽，你要起床了嗎？」

媽，你要起來了嗎？
呵呵……
早就醒了！假睡觀察兒子怎麼應付早晨狀況……
香～～香
MILK

面對大量功課與考試，雖然也有抱怨，但完全不用我催促，自己會一一準備好。也因為網路自主學習的經驗，他非常了解如何運用網路資源來面對學校課業，完全不需要去校外參加任何補習。

自學的時候，有一些數學觀念已經聽過了。
還好，不很難！只是，國中數學已經不能問媽媽了，媽媽忘光了，我要自立自強！

從學校回家後立即去洗澡，洗完澡舒舒服服地寫功課，寫老師派的作業宛如一種課後休閒。我在一旁做晚餐，偶爾被他問一些國文的問題（因為自學期間，我是國語老師，他已經很習慣跟我討論語文上各種難題），親子間的互動討論沒有因為上了國中出現隔閡。我感覺不出什麼是國中生的叛逆期？反而覺得兒子處處講理，突然間顯得非常成熟。

你都沒有不喜歡上學？不喜歡的話，媽媽可以再寫自學申請書喔！
不用了！我不想拋下同學自己一個人開心！

當初選擇自學有一個很實際的需要，已經到了更年期的我體力下滑得厲害，但晚上卻不斷冒出想法推逼著我停不下來地寫稿，熬夜是一種常態，但兒子還在小學仍須接送，做為母親的我每天睡眠不足又必須早起。不要說折磨小孩了，睡不飽與早起已經折磨了母親，我的脾氣可以說一大早就很壞，怎能對孩子有耐心呢？每天都在苦撐精神體力的狀態中，我覺得自己的身體都要垮掉了。

救自己先
自救
生存

所以，顧我自己的性命首先就要睡得飽，媽媽要睡飽只能讓孩子不去上學，孩子不上學我們必須有在家學習的計畫。

當初小六的兒子每天自怨自艾地抱怨學校功課以及下課時間不夠、每天都玩不夠……是這樣的情況下，我決心暫時逃避體制！

讓我們逃離體制規律……
以自己的節奏生活與學習。

「逃避雖可恥，但有用」，這是一句匈牙利的諺語，被偶像日劇當成片名而流行了好一陣子。當日劇正上演的那段時間，我跟兒子也處在逃避體制的狀態下。可是，這個逃避真的很有用，我們在逃跑的過程中，循著奔逃計畫，手牽著手一起冒險般地建立了母子間彼此合作的模式。兒子也在體制外的荒野，發現了自己的能力，突然間了解如何在沒有老師督促下鑽木取火、結繩記事，為自己找到學習存活之道。

一日上國中再度回到體制，我認為他對於學習全面性地改觀，對團體生活重新出現渴望。兒子有過一段自由自在的學習和沒有功課的生活，使他不再把接受知識與不斷寫功課畫上等號，知識的吸收並不會減少娛樂，多一點學習並不會少玩一些遊戲，他不再有遊玩不盡興的焦慮。自學時自主學習的方法，在各種功課與考試中發揮了用處。

反正自學期間我已經玩夠多了，現在比較想要跟同學鬼混，所以，我喜歡上學。
讀書就讀書，讀書也有有趣的地方。

放學後的國中生兒子常常一派悠閒地寫功課，當然也沒有放棄喜愛的電玩，他自己似乎能把學習與興趣分配得很恰當。而每天清晨鬧鐘響起，他仍舊依照著自學期間的規律，起床幫我煮好咖啡再叫我起床一起早餐……

媽，
咖啡好了！
OH, My Goodness! 這個逃避也太有用了。
耶！
兒子養成自己主動做早餐的習慣了！

對我來說，一學期自學是這麼戲劇性地有用，我自己都覺得驚訝。

和樂的早晨……
可是媽媽，以前當我抱怨不想寫功課的時候，你也很戲劇性的叫我不要寫。
那很帥耶！
是這樣嗎？
反正，我現在就是要當好孩子了！
你是以變乖來回饋媽媽嗎？
(((感恩喔！)))

我並不喜歡以成績好壞或聽不聽話來證明教養或教育的成果。事實上，我家自學的理由一點都不正確，說出來也不知對大家有無參考價值。但兒子在跳出規律體制的幾個月內，卻以加速的成熟度與我配合，他意識到自己跟同學不在同樣的學習道路上，他沒有上學，沒有功課，白天跟我在外閒晃也怕被路人問怎麼沒去學校。所以他的確因為這個與眾不同的差異，默默地起了一些心理層面的化學反應。

回到體制內的國中，我可以看出他以一種全新的心態進入學校，給我一種「吃知識」的感覺。

數學
國語
英文
數學雖然很苦，但有一種焦香味！
$\frac{x-12}{6}-2=ax+2$
英語是甜的，雖量多，但我可以吃完。
國語是珍珠奶茶，不是只有喝法，要咀嚼才有樂趣！

成績方面完全不必大人擔憂，我對他的信任以及允許他自由決定的態度或許激發了兒子的自尊心和榮譽感，現在的小福面對功課和考試已經不像小學時被動懶散。從學校逃走、冒險了幾個月再重新回到學校的兒子，現在常讓我感覺到一個頑皮少年邊玩邊探究知識的主動性，生活中也不再需要我嘮叨，總是體諒媽媽，且凡事講理。在自學之後，這一點小小的成果的確讓我感到驕傲。

你這是幹嘛？
那是我明天要穿的衣服，還有要給你簽的連絡簿。
我要去睡了，晚安。

（本文原載於《親子天下》雜誌2018年3月號）

catch 237
沒有學校可以嗎？

作　　者　徐玫怡

責任編輯　林怡君
美術設計　林育鋒、何萍萍
校　　對　金文蕙

出 版 者　大塊文化出版股份有限公司
台北市10550南京東路四段25號11樓
www.locuspublishing.com
讀者服務專線：0800-006689
TEL：(02)87123898　FAX：(02)87123897

郵撥帳號：18955675
戶名：大塊文化出版股份有限公司

總 經 銷　大和書報圖書股份有限公司
地址：新北市新莊區五工五路2號
TEL：(02) 89902588　FAX：(02) 22901658

法律顧問：董安丹律師、顧慕堯律師

初版一刷：2018年4月
定價：新台幣380元
ISBN　978-986-213-883-0

Printed in Taiwan

沒有學校可以嗎? / 徐玫怡作. — 初版. — 臺北市 :
大塊文化, 2018.04
256面 ; 17X22公分. — （catch ; 237）
ISBN 978-986-213-883-0（平裝）

1.在家教育 2.親職教育 3.自學 4. 生活札記
528.1　107003876

LOCUS

LOCUS

LOCUS